인생은 포기(抛棄)와 선택으로...

인생은 포기(抛棄)와 선택으로…
이지윤 시와 산문 선집

초판 인쇄 2025년 09월 30일
초판 발행 2025년 10월 09일

지은이 이지윤
펴낸이 신현운
펴낸곳 연인M&B
기 획 여인화
디자인 이희정
마케팅 박한동
홍 보 정연순
등 록 2000년 3월 7일 제2-3037호
주 소 05056 서울특별시 광진구 자양로 73(자양동 628-25) 동원빌딩 5층 601호
전 화 (02)455-3987 팩스 (02)3437-5975
홈주소 www.yeoninmb.co.kr
이메일 yeonin7@hanmail.net

값 17,000원

ⓒ 이지윤 2025 Printed in Korea

ISBN 978-89-6253-607-2 03810

* 이 책은 연인M&B가 저작권자와의 계약에 따라 발행한 것이므로 저자와 본사의 허락 없이는 어떠한 형태나 수단으로도 이 책의 내용을 이용하지 못합니다.

* 잘못된 책은 바꾸어 드립니다.

이지윤 시와 산문 선집

인생은 포기(抛棄)와 선택으로···

연인M&B

프롤로그

기적(奇蹟)을 찾아서

기적처럼 바닷물이 열려
섬까지 통행할 수 있다는
무창포
신비의 바닷길을 찾아
가던 날

하늘은 쪽빛으로 파랗고
사람들도 파란 미소를
머금고
신비로 기적 같은 시간을
기다렸다
바다가 갈라지는 시간,
그토록 설레이며
기다렸던 기억이 있었을까?

기적을 만나고
돌아오는 길
공사 중인 도로에는
불빛 한 점 없고
불안에 떠는 시간

하늘에 기도하며
헤매이며 돌아오던 시간
기적을
정면으로 본 신비의 시간은
공포로 떨었다.

2025년 가을
이지윤

| 차례 |

프롤로그
기적(奇蹟)을 찾아서   4

1부 울지 않는 새

연꽃	16
행운목(幸運木)	18
감(柿)	20
얼굴	22
울지 않는새	24
사랑을 끝낸 女子는 이제 울지 않는다	25
실어증(失語症)	26
난파선(難破船)	28
나는 아직도 직녀(織女)	30
마지막 공연(公演)	32
양수리(兩水里)에서	33
모든 것이 수평(水平)으로 보인다	34
낯선 여인숙(旅人宿)에서의 하룻밤	36
피한(避寒) 여행	38
고란초(皐蘭草)	40
동백(冬栢)	42
화장(火葬)	43
유자(柚子)	44
상사화(相思花)	45
천형(天刑)	46

백련(白蓮)	48
연(鳶)	50
강물은 나에게 흘러가라 한다	51
세 가지 질문	52
편견의 성(城)	53
그는 하늘을 노래하지만 나는 땅을 찬미한다	54
내 인생(人生)의 장맛비	56
세월이 흐르는 소리가 들린다	58
뒤돌아보지 말라	60
말한대로 될 것이로다-나의 이력서	61

2부 길을 잃어야 길을 찾는다

가장 불쌍한 사람	64
점(占)과 선(線)	65
웃음치료	66
자꾸 사다 보면 팔아야 하는 날이 온다	67
투명용기에 담을 것	68
수선화(水仙花)는 강하다	69
길을 잃어야 길을 찾는다	70
아름다운 사람들	71
세 가지의 내가 있다니	72
콩 심은 데 콩 나고, 팥 심은 데 팥 난다	73
지금 이 순간	74
엄마의 사진	75
단점만 보는 눈, 장점을 보는 눈	76
누구나 스승이다	77
시간의 요리사	78
날개 없는 새	79

엄마라는 이름으로…	80
꽃을 싣고 가는 트럭이 행복하다	82
오월	83
장미보다 더 아름다운…	84
꿈	86
매미의 일생	87
토란 이야기	88
여름은 살아 있는 교과서이다	90
가을에는…	91
더도 덜도 말고 한가위만 같아라!	92
아름다운 눈	93
벼는 익을수록 고개를 숙인다	94
절대로 쓸 수 없는 말이 절대! 라는 말	96
풀밭 같은 사람, 돌밭 같은 사람	98
붕어빵 굽는 청년	100
신(神)이 보낸 연애편지-봄	102
줄탁동시	103
메아리가 살지 않는 산	104
정승나무	106
아버지라는 이름으로…	108
흔들리지 않고 피는 꽃이 어디 있으랴	110
아름다운 사람	112
아빠라는 이름으로…	114
가을 편지	116
귀로 먹는 보약	118
낙엽을 태우며	120
기다릴 줄 알아야…	122
아이들이 있기에	124
이런 옛말이 있다	126
노래하는 아이들	128

3부 상처 많은 꽃잎들이 가장 향기롭다

잡초를 뽑으며…	130
덕담(德談)을 나누며…	132
3월과 4월의 교차로에서	134
나무 한 그루 심어 가꾸면…	136
동방예의지국에서 동방무례지국으로…	138
인연(因緣)에 대하여…	140
자식 농사가 최고다	142
웃음꽃이 아름답다	144
딸이라는 이름으로…	146
부모는 기름진 밭이 되어야 한다	148
엄마를 부탁해	150
한 마리 새처럼, 한 마리 물고기처럼…	151
철새에 대하여…	152
얼굴	154
구월의 노래	156
봄이와 햇살이의 설날	157
아내의 방(房)	158
같이 가야 멀리 갈 수 있다	159
가족이라는 이름으로…	160
봄이의 낮잠	161
봄이의 봄	162
비교는…	164
걸림돌과 디딤돌	165
한 방향(方向)으로 고개를 돌릴 때	166
왜 사느냐고 묻거든…	167
첫 번째 선물, 두 번째 선물, 세 번째 선물	168
매화는 향기를 팔지 않는다	169
우리를 슬프게 하는 것들…	170

가족이라는 것은…	172
오해와 이해 사이	174
2년 후…	175
아무르	176
기다림이 진정한 사랑이다	178
그들에게서도 배운다	179
꺾이고, 밟혀 누워서도 피리라	180
딴생각	181
매미의 일생	182
타라의 다리	183
강아지에게도 선천(先天)은 있다	184
개미들	185
햇살이의 가을	186
가을엔 기도하게 하소서	187
봄, 햇살 그리고 타라 이야기	188
오래된 정원	190
상처 많은 꽃잎들이 가장 향기롭다	192
첫눈이 내릴 때	193

4부 이제야 비로소 날개를 연다

차(茶)를 마실 때	196
그레샴의 법칙	197
혼자 있는 시간	198
옛 사진	200
목소리	202
꼬마 시인들	204
사랑의 뜨개질	206
하루의 행복	208

오월	210
세상에 둘도 없는 명화(名畵)·명곡(名曲)	212
겨울 바다	215
중년	216
아름다운 여자	218
나의 40대	220
아름다운 남자	222
건망증	224
늘 웃는 사람	226
둘이 있는 시간	228
인생 학점	230
어떤 중년	232
웃음소리	235
어느 여름날	236
외동딸	238
잃어버린 향기	240
말 한마디	242
백자 항아리	243
그리움의 나이테	244
돌아오기 위하여 떠난다	247
내가 알아야 할 모든 것은 이미 유치원에서 배웠다	248
돌아오기 위하여 또 떠난다	250

5부 나도 그 누군가에게 선물이고 싶다

결혼 이야기	252
떠날 때와 보낼 때	254
곁의 사람	256
기도하는 사람들	258
이제야 내 뒤를 돌아본다	260
책(冊) 이야기	262
손	264
인성의 재건축, 인품의 리모델링…	266
걱정 말아요! 그대	269
태양은 가득히	270
입만 열면 악취가…	273
마중물	275
다슬기와 반딧불이	277
두 그루 은행나무	279
어리석은 호랑이	282
빛나는 할머니	285
마지막 인사	287
아그리나	290
영혼의 빈방(房)	297
내게 가장 힘든 일	299
내가 가장 좋아하는 단어	303
좋은 친구 한 명만 있어도…	307
백만 송이 장미	310
긴~ 터널을 지난다	313
아버지의 겨울	316
아름다운 의사(醫師)들	320
나도 그 누군가에게 선물이고 싶다	325
너무 가까운 관계	327

햇살이의 그리움	329
흙으로 돌아가는 나무	331
민들레	333
그렇게 아름다워진다	335
아름다운 남자	339
하루하루가 기적이다?	342
그대는 가졌는가? 그대만의 방(房)을?	344
사랑 레슨	345

에필로그

샹그릴라	350

1부

울지 않는 새

연꽃

어느 날
시장에 들렀다가
물 양동이 가득
연꽃을 꽂아 놓고 앉은
여인네를
만났습니다

반가와서 그걸
한 아름 사다가
항아리에 꽂아 놓고
오래
오래
들여다봅니다

꽃잎이 벌고
잎사귀가 벌어지는데

밤이 다 가도록
앉아
꽃 속에서
심청이가 나올까,
연못 속의 妖情이 나올까,

기다려 봅니다

나의 이런
기다림이
우습기도 하고
애달프기도 합니다.

행운목(幸運木)

행운은 어느 날
저절로
굴러오는 것이어서
왠지
천골(賤骨)이라며
고개 외로 꼬며
혐오했는데,

행복은 매일 공들이고
애착을 갖는 자만이
차지할 수 있는
귀골이라며
아껴 왔는데,

행복하지 못한
이제는
행운목 하나 사다가
물에 담그어 놓고
굴러다니던
남루하고 비천한
행운이라도

내 차지되었으면 하고
몰래 빌어 본다
나이 마흔하나를
넘어가는
이 밤에

굴러다녔으면
어떠냐며
천골(賤骨)이라던
행운을
기다려 본다

이제
그 어떤 것도
니 몫이 될 수 없다는
이 조용하고도
준엄한 포기 앞에서
초라하게
행운을 기다려 본다.

감(柿)

11월의 하늘 아래
꽃보다
더 고운 빛깔로
나를
내려다보고 서 있는
감나무 한 그루

잎을 다 떨구어 내고
알몸으로
꽃보다 더 고운
열매를 매달고
나를
내려다보는
감나무 한 그루

마치 젊음을 다 보내고
더욱 간결해진
言語로
더욱 표정이 맑아진
40代 女人 같은
감나무

떨어진 감 하나
주워 들고
차마 먹지 못하고
나무 아래
놓아 두고 돌아섰다.

얼굴

갓 낳았을 때는
천사의 족속이다가
풋감 같은 얼굴로 10代를 보내고
늘
발그레 타는 얼굴로 20代를 지나오고
愁心 가득 피어오른 얼굴로
30代는 지나쳤다
하루에도 몇 번씩 거울 속의 얼굴
확인하며
生의 한가운데를 낙타처럼
걸어온 40代

아,
저 거울 속의 얼굴은
건조하고, 삭막한
저 얼굴은
과연 내 것인가
세월에 깎이고, 부서진
얼굴
가면을 쓰고 있는가
낯설기만 하구나

발그레 늘 타던 내 얼굴
기억하는 그 사람
그 사람을
만나면 그도 낯설다 돌아설까
아, 내 낯선 얼굴.

울지 않는 새

나는
울지 못하는 새,
아니 울지 않는 새,
아무리
다른 새들이
울지 않는다
비웃어도
나는
울지 않는 새

아무리
하늘이 맑아도
아무리
햇살이 고와도
나는
그저
눈만 뜨고
귀만 열어 놓고
입만
다물고 있는
울지 않는 새,
아니 울지 못하는 새.

사랑을 끝낸 女子는 이제 울지 않는다

사랑을 끝낸 女子는
결코 울지 않는다
사랑할 때는
작은 흔들림에도
펌프물 올라오듯
수시로 울던 女子도
사랑의 과거완료 앞에서는
결코
울지 않는다

사랑할 때는
매사에 의미(意味)를 부여하다가,
눈에 보이는
모든 것에 유정(有情)한 시선(視線)을 보내다가
사랑이
끝나면,
그때부터는
돌처럼
차가워진다
무심(無心)해진다
무정(無情)해진다.

실어증(失語症)

생각은 잡초(雜草)처럼 무성한데
생각의 집이라는 말은
쉽게 나오지 않는다

어딜 가나
말 잘하는 사람들
그 속에서 나는
생각은 이다지도 많아지면서
말은
자꾸만 적어지고 서툴러진다
할 말이 자꾸만 줄어든다
말해 보았자
공허일 뿐,
내 영혼의 키만 낮아지고,
탁해지고,
흔들릴 뿐이다
내 나이 오십쯤해서는
아예 실어증 환자가 되지 않을까?

말 잘하는 사람들 속에서
검은 눈만 껌벅이는 女子

세상에는
말 잘하고, 처세술 능한 사람들 뿐
그래도
실어증 환자처럼 살리라
이 혼탁한 세상살이에서
보고도 못 본 척, 듣고도 못 들은 척
그게 상책이지
나처럼 사는 게 늘 막막한 사람에게는.

난파선(難破船)

때때로 우리는
삶에 지치고 지쳐
부서져 버린 한 척의 낡은 배
난파선처럼
삶의 육지에
널브러져 있을 때가 있다

어느 것부터 맞춰 나가야 할지 모를
산산조각나 버린
人生
난파선처럼
부서져 버린
너를 다시 조립할 사람은
내가 아니고
바로 너, 너이다

작지만
튼튼한 닻을 달고
다시 한 번
生의 바다 고해(苦海)로 나가야 한다
난파선처럼
산산조각나 삶의 육지에

널브러져 있을 때
그때 우리의 사랑
사랑을 떠올리면서
다시 生의 바다 고해(苦海)로 나가야 한다.

나는 아직도 직녀(織女)

사랑은 선택이 아닙니다
누가 보아도
초라한, 풀꽃 같은 상대를 만나
매일매일
그를 씨실로, 나를 날실로
베를 짜고 또 짜는 직녀(織女)가 되는 까닭을
선택이라 할 수 있나요?
그것은 선택이 아니고
어느 날 빛줄기 하나가
아니, 화살 하나가 가슴에 날아와
박혀 도무지 빠지지 않는 숙명(宿命)이 되어
그의 모든 것이 나의 것이 되고
나의 모든 것이 그의 것인
질긴 인연(因緣)이 되어
칡처럼 얽혀 있는 상태를
사랑이라 합니다
그는 씨실
나는 날실로
하루 온종일 짜고 또 짜는
직녀(織女)가 되는 것이
사랑입니다
내가

무명이든, 비단이든 짜는 것을
멈추고
베틀에서 내려온다면
나는 아마도 그 순간부터
女子는 아닐 것입니다
여자이므로
사랑을 선택으로 하지 못하고
숙명으로 하는 것입니다.

마지막 공연(公演)

무대 위의
두
배우가
잠자고 있던 내 영혼을
흔들어 깨우고, 어루만지고
뒤흔들다가
막이 내렸다
사람들이
빠져나간
객석(客席)에서
나는
내 〈마지막 사랑〉이
끝나가던 지난 11월을
떠올리며,
오싹 한기를 느끼며,
외투깃을 올리며,
〈마지막 공연〉이 끝난
극장을 나섰다.

* 「사랑을 끝낸 女子는 이제 울지 않는다」(한국문인협회, 1990) 시집 중에서

양수리(兩水里)에서

남한강과
북한강이 함께 흐르는 곳
나는
늘 왼쪽으로 흘러가는데
그대는
늘
오른쪽으로 흘러가니…
우리는
끝내 한 줄기 강(江)으로
흘러 흘러
갈 수 없는 것인가

그대와
내가 한데 흘러가는 날
양수리에는
가을이 오고 있었다
저벅거리며
밤이 오고 있었다.

모든 것이 수평(水平)으로 보인다

이제 그 어떤 것도
올려다보지 않는다
이제 그 어떤 사람도
내려다볼 수 없다

세월이 흘러가는 데도
현기증조차 나지 않는다
문득 바라다본
생(生)의 뒤안길

내안(內岸)에도 그저 담담한 눈빛뿐…
격정의 세월은
어디로
흔적도 없이 가고
위로,
아래로
치뜨고, 내리뜨던
시선(視線)이 그저 수평(水平)이 되었다

얼마나
담담한가 묻지 말라
그 어떤 사람 앞에서도

그 어떤 일 앞에서도
눈빛은 흔들리지 않고
고즈넉하다
이렇게 되기까지
얼마나 오랫동안
수련(修練)했는지 묻지 말라

참으로 오래 수련해 왔다
참으로 오래 힘들여
수련해 왔다.

낯선 여인숙(旅人宿)에서의 하룻밤

귀가 순(順)해진다는
육십 이순(耳順)이 된 노시인(老詩人)은
그리고 데레사 수녀님은
인생은
낯선 여인숙에서의 하룻밤
같다고 얘기했다

살면 살수록
그 말에 고개 끄덕여지고
살면 살수록 욕망이 줄어든다

더 많이 소유(所有)하려 하는
몸짓이 안쓰럽고,
이승에 더 오래 머물려는 안간힘이
측은하기만 하다

불 속으로
불길이 좋아 불 속으로
뛰어드는 불나비 같은
사람들

그들은
인생은 낯선 여인숙에서의
하룻밤 같다는 사실을
아직 모르고 있나 보다

아낌없이 주는
나무처럼
잎도, 열매도, 가지(枝)도
모두 주고 가는 나무처럼
모든 것
훌훌 벗어 버리고
야윈 몸으로
영혼의 사리 몇 개 남기고
그렇게 가고 싶다.

피한(避寒) 여행

추위가 무서워서
유난히도 추위가 두려워서
따뜻한 나라로 떠난다
언제부턴가
겨울이 무섭다

침묵하고 있으면서
수천(數千) 마디의 언어(言語)를
토로(吐露)하는
겨울
말 없이도
절규하는 겨울
삭풍으로 메시지를 전달하는
겨울에
땀 흘려야 하는 나라로
피한 여행을
떠난다
그러나
난 알고 있다
그냥 땀 흘리는
노동으로 흘리는 땀이 아닌
그냥 더울 뿐인 나라의

그 나른한 권태와 무지(無知)를…

말 없이도
수(數)많은 말을 들려주는
이 겨울을
떠나 보는 것도
사실은
이 겨울을 몹시 사랑하기
때문이다

피한 여행을 떠나 보라!
겨울이 있음이
은총임을 알리라.

고란초(皐蘭草)

그늘진 바위 틈
낭떠러지에
뾰족한 잎으로
한들거리며
하늘을 향(向)해
하소연하는 고란초

무엇을
알리고 싶은가?
어찌
양지(陽地)를 피해 음지에서만
낭떠러지에서만
피하듯 한들거리고
있는가?
너는
고란초 같다던
당신의 음성
이만큼 살아
젊음을
저만치 보내고 나니
햇빛을 피해
낭떠러지에 한들거리며

서 있는
고란초가 되었다

내 외로움
안타까움
하늘에 어떻게 알릴 것인가?
북을 쳐서?
내 가슴의 작은 북 하나
치고 또 쳐서
알리나
생(生)의
낭떠러지에 서서
한들거리는
나는 고란초.

동백(冬栢)

눈 속에서
토(吐)해 내는 붉은 정염(情炎)
때때로
나도
삭풍(朔風)이 몰아치는 겨울 바닷가에서
붉은 피를 토해 내며
명징(明澄)한
영혼으로
한 대궁의 꽃으로 피고 싶은
충동에 사로잡힌다

온갖 오욕(五慾) 칠정(七情)
다 토해 내고
지순(至純)한 한 송이 붉은 겨울꽃으로
피고 싶다

하얀 눈 속에
핀
한 송이 동백(冬栢)으로
내 육신(肉身)은 모두 바다
한가운데로 밀어 보내고
한 송이 동백으로
피어나고 싶다
그것도
2월 어느 날.

화장(火葬)

이제는 숨쉬지 않는
꿈의 시체를
불살라 내리고
그 연기 속에 앉아
눈물을 흘린다

도저히 버릴 수 없던 꿈
이제는
도대체 소생(蘇生)의 기미가
보이지 않는다
차라리
태워 보내리,
이까짓 꿈,
헌 종이 태우듯
삭정이 태우듯
태워 보내리라

내 육신도 화장하고
싶거늘
이제 죽은 꿈
화장 못하랴?

활활 태워 보내리라
안쓰러운 나의 꿈
부디
잘 가시라.

유자(柚子)

유자 앞에 앉아 있으면
나이 오십의 감성(感性)이 열일곱의
그 연분홍 감성으로
되돌아가는 느낌이 든다

향기가
하도 그윽하고, 아련하여
그만 눈을 감는다

이제는
되돌아갈 수 없는
길과
되만날 수 없는
사람들이 보인다
유자(柚子) 앞에서는….

상사화(相思花)

선운사에 갔더니
선홍(鮮紅)의 강(江)물

꽃이 다 진 다음에야
잎이 나와서
꽃과 잎이 그리워한다는
서로를 그리워한다는
석산(石蒜)
상사화(相思花)가…

내가 그대에게 가려 하면
그대는 어디론가 떠나 있고
그대가 내게 오려 하면
내 마음은 떠나 있으니
우리도
서로를 그리워만 하는
상사화(相思花)와 다르지 않다며
선운사 선홍의 강(江)을
건너오던 날

꽃이 지고 있었다
그대 향한 그리움
지고 있었다.

천형(天刑)

그 누구 앞에서도
그 어떤 상황 속에서도
내 가슴은
소금을 뿌린 듯
아리고 쓰라리니
이것은
나의 천형(天刑)인가
봄이 오면 오는 대로
여름은 여름대로
가을은, 겨울은 겨울대로
늘
시리고,
쓰라린 가슴
울고,
또 울고
몇 날 며칠을 울어도
가라앉지 않을
가슴의 통증
이 통증은
누구에게 호소할 수도
없는
지독한

천형(天刑)
앞으로 보나
뒤로 보나
고독한 그림자

채워도, 채워도
늘
비어 있는
공동(空洞)
이것이 나의 천형(天刑)인가

무엇으로 문지르기에
이다지도 쓰라린가?

* 「모든 것이 수평(水平)으로 보인다」(한국문인협회, 1996) 시집 중에서

백련(白蓮)

그 넓적한 잎은
고해(苦海)에서 다친 마음을 감싸안고
우아한 자태 위로 피어난
흰 꽃은
그 어떤 화려함도
초라하게 보이게 하는
신비로움을 풍긴다
그 무엇도
어루만지는 힘이 있다
구정물도 정화하며
살아남는
그 고고한 혼(魂)
까탈부리지 않고
그 큰 잎으로
세상 먼지 다 수용하며
쉽게 고개 숙이지 않는
꽃 중의 군자(君子) 련(蓮)
혼탁한 세상의
이 깊은 연못에서

한 송이 연으로
피어날 수 있다면

그럴 수만 있다면
끝내 침묵하고 은둔하고 살아도
절반쯤은 해탈(解脫)에
성공한 것이리라
사실 나는
연이 되고 싶었다
그것도 희디흰 백련이 되고 싶다.

연(鳶)

가슴이 뻥- 뚫려야 날을 수 있다고
연은 하늘을 날며
나를 달랜다
늘
가슴이 뚫린 듯 허허롭다는 나를
연은
달랜다

가슴이 무거우면
날 수가 없고
주저앉게 된다던
어떤 선량한 시인(詩人)의
위로에 눈물이 핑 돌고
하나의 가오리연(鳶)이 되어
온종일 하늘을 날았다.

강물은 나에게 흘러가라 한다

흘러가지 못하고
늘
고여 있는 늪
사유(思惟)의 늪 속에서
분노와 애증과 후회가
들끓고 있다
흘러가야 한다고
흘러가야 잊을 수 있다고
슬픔도, 회한도
흘러가야 사라진다고
강물은 나에게 속삭인다
늪이어서는
새로운 인연은 올 수 없다고
속삭인다
강물을 바라보며
늪 같은 내가 흘러간다.

세 가지 질문

진정으로 누군가를
사랑했던 적이 있었던가?
평생 종사해 온 직업이
천직이라고 고개 끄덕이며
순응했는가?
이제
새처럼 가볍게 떠날 수 있는가?

편견의 성(城)

사람들은 저마다 선입견,
편견의 성을 쌓고 있다
스스로의 눈에
대들보는 안 보고
남의 눈에 티끌만 보며
성을 쌓는다
그러니까 그렇지
저러니까…
도대체 누가 누구를
폄하하고, 깎아내리고
함부로 비평할 수 있단 말인가

편견의 성에 갇혀 있는
그대가
사실은 참으로 불쌍하다.

그는 하늘을 노래하지만 나는 땅을 찬미한다

마주 보며 얘기하여도
각자 다른 곳을 보며
얘기하여도
늘상 그는 하늘을 올려다보며
알 수 없는 노래를 부르고
나는 땅을 내려다보며 흙의 향기,
흙의 감촉
흙의 소리를 찬미한다

그는 늘 먼- 훗날을 얘기하지만
나는 바로 오늘을 얘기한다
그는 새벽의 순결을 얘기하고
나는 한밤의 그 청회색 신선함을
얘기하고
그는 죄(罪)를 얘기하지만
나는 상(賞)을 얘기한다

그는 닿을 길 없는 하늘을
찬송(讚頌)하지만
그 찬송은 허공에 흩어지고
나는 땅을 찬미하지만
그 찬미는 사실

작은 나무 한 그루 키워 내지 못한다
한때는 신(神)의 선물로 알았던
인연(因緣)도
판도라의 상자에서 나온 악연일 수
있음을 아는 나이가
쓸쓸하지만
그러나…
아름답다
신비스럽게 아름답다.

내 인생(人生)의 장맛비

어제도 내렸고
오늘도 내리고 있으며
내일도 내릴 것이라 한다
온종일 내리는 비
장맛비를 맞으며
내 인생(人生)의 장마를 생각한다
시도 때도 없이
내리던 슬픔과 분노의 비
비…
이제는 비가 와도 마음까지는
젖지 않는다
오랜 세월 연습해 온지라
혹여
슬픔과 분노가 태풍처럼
몰려와도
젖지는 않는다

물방울이 구르는
연잎처럼

내 마음에도 우산이 생겼다
장마철에는

붉은 스커트도 입어 보고
큰 꽃무늬 옷도 입어 본다

내 인생(人生)의 장마는
끝났다
우기(雨期)를 지나 이제 인생(人生)의
10월이므로
장마는 끝났다.

세월이 흐르는 소리가 들린다

무심히
벤치에 앉아
겨울 하늘을 올려다볼 때
하염없이
간이역 대합실에 앉아
기차를 기다릴 때
거울 속의 내가
원숙한 초로의 여자로
비추일 때
등이 시려워 큰 숄을
어깨에 드리울 때
그럴 때 나는 세월이
흘러가는 소리를
강물처럼 듣는다
소리 없이 흘러가는 듯하지만
분명 소리가 있다
이제는 돌이킬 수 없는
'관계'가 분명 있고
이제는 알아도 할 수 없는
무엇인가가 있다는 것을
알게 된 지금
세월의 소리가

선명하게 들린다
모래시계처럼 흘러내리는
세월의 소리가….

뒤돌아보지 말라

뒤돌아보지 말라던
당부를 잊고
뒤돌아보았을 때
그것도 잠시였지만…
곳곳에서 바라보고 있는
그리운 사람들,
미워했던 사람들…
부끄러움, 민망함…
되돌아가서 지울 수 없으니
그저
앞만 보고 가라
앞에도 사랑해야 할 사람들 있고
가꾸어야 할
세월의 뜰이 있다
뒤돌아보지 말라
어쩌면 돌이 될지도 모른다
소금기둥 될지도 모른다.

말한대로 될 것이로다-나의 이력서

어렸을 적
나는 시인이 되고 싶다고 했었다
시인이 되었다
조금 자라서
아나운서가 되고 싶다고 했었다
아나운서를 10년이나 했다
딸 하나만 낳아 키우고 싶다고 했었다
백장미 같은 딸 하나 스물여섯 살의
곡(曲)을 쓴다
유치원을 갖고 싶다고 했었다
유치원을 설립하여 아이들과
아이들 같은 마음으로 살고 있다
이제 숲속에서
자연처럼 살고 싶다고 한다
그 말대로
새와 연꽃과 나무와…
그렇게 자연을 닮아 가며
살게 되리라
말한대로 될 것이로다.

* 「그대는 하늘을 찬송하고 나는 땅을 찬미한다」(한국문인협회, 2003) 시집 중에서

2부

길을 잃어야
길을 찾는다

가장 불쌍한 사람

바위처럼 단단해서 좀처럼 슬퍼하지도 않고,
상처 입지도 않는 사람이 있습니다
가족도 필요 없다
자기 혼자만 늘 기세등등한 사람
그러나 그런 사람도 어느 날은 부서지는 날이 옵니다
그리고 외롭게 무너져 내려야 하는 날이…
가족을 책임지지 않는 사람이 가장 불쌍한 사람입니다.

점(占)과 선(線)

선은 늘 꼿꼿하게 서 있는 자기가 싫었습니다
친구와도 선은 그냥 마주 보고만 있어야 했습니다
점은 자기가 있으면 글이나 말이 끝나 버림에 안타까웠습니다
예쁜 아가씨들도 얼굴에 점이 있다며 레이저로 빼 버리곤 했습니다
어느 날, 선과 점은 만났습니다
벚꽃이 흐드러지게 피던 날이었지요
선 밑으로 점이 갔습니다
와!
사람들은 감탄사를 연발하며 벚꽃 아래로 걸어갔습니다
아, 너무 예쁘다!
선과 점이 만나 느낌표(!)가 된 그날
사람들은 가슴에 느낌표를 적으며 행복해했습니다.

웃음치료

여기저기 아프다는 사람들이 의외로 많습니다
이리 부딪히고, 저리 부딪히는 것이 삶이라 사람들은
겉으로도 상처를 입고, 속으로도 상처를 입는 것입니다
그러다가 어느 날 암이 되고,
불치의 병에 걸려 신음하는 경우도 있습니다
음악치료, 춤치료, 미술치료, 독서치료 등
약이 아닌 예술로 치료하는 방법이 요즘 많아졌습니다
그중에 웃음치료라는 것이 있다고 합니다
하하하!
웃다 보면 균이 죽고, 암세포도 줄어든다는 것입니다
웃음은 마음의 거미줄을 걷어 내는 빗자루 같아서
웃고 나면 행복해지고
거미줄처럼 걸려 있던 불쾌한 기억이 사라집니다
웃는데 비용이 드는 것도 아니니 자주 웃어야겠습니다
행복해서 웃는 것보다
웃어서 행복해지는 경우가 많다고 합니다.

자꾸 사다 보면 팔아야 하는 날이 온다

마음에 드는 물건이 있으면
사야 직성이 풀리는 사람이 있었습니다
물건이 자꾸만 쌓여 가고 그의 집은 답답해졌습니다
집도 숨쉬기가 곤란해졌어요
어느 날부터인가 쇼핑 중독증에 걸린 그 사람은
물건을 내다 팔아야 했습니다
좁아진 공간도 공간이지만 돈이 부족했기에
내다 팔아 생활비를 마련한 것입니다
자꾸만 사다 보면 팔아야 하는 날이 옵니다
꼭 필요한 것만 사고 오래오래 그 물건을 사랑해야 할 것입니다
내 나라 환경을 위해서도
내 집 환경을 위해서도
내 지갑을 위해서도….

투명용기에 담을 것
—마음

죽도록 자기 마음을 안 보이려는 사람이 있습니다
까짓 것, 별것도 아닌데 투명하게 보여도 되련만
꼭꼭 감추고 안 보여 주는 마음,
그 마음에 산소가 부족하여 곪아 갑니다
마음을 투명하게 보여 주는 사람,
용기 있는 아름다운 사람입니다.

수선화(水仙花)는 강하다

아름다운 소년이 호숫가에서 자기 얼굴에 반해
호수에 빠져 죽은 다음 피어났다는 수선화
그 수선화는 진정 자기를 사랑하는 꽃입니다
겨우내 언 땅에서도 죽지 않고 살았다가
3月이 오면서 그 파란 줄기를 쑥쑥 밀고 나오다가 어느 날
노란 꽃을 피우는 수선화
사람들은 죽었다가 다시 살아 피는 꽃이라
노래하며 수선화를 사랑합니다

우리의 몸이 꽁꽁 언 세상의 땅에서 얼어 죽었다 해도
다시 수선화처럼 꽃을 피워 낼 수 있다면
그 향기는 얼마나 그윽할까요?

길을 잃어야 길을 찾는다

삶에는 여러 갈래의 길이 있습니다
어떤 길로 가느냐는 물론
부모, 형제 그리고 운명의 힘도 어느 정도 달려 있지만…
대부분 자기 의지와 꿈에 달려 있습니다
살다 보면 어디로 가야 할지 갈팡질팡할 때가 있습니다
길을 잃고 헤맬 때도 있습니다
그럴 때 사람들은 자기 길을 찾아 온 힘을 기울입니다
길을 잃었을 때 비로소 새로운 길을 찾아 나서게 됩니다
잃어 봐야 찾는 법도 알게 됩니다
모든 것이 다 그렇습니다.

아름다운 사람들

거리에 뒹구는 휴지를 줍는 사람은 아름답습니다
자기도 빠듯하게 근근이 살면서
어려운 사람을 돕는 사람은 아름답습니다
언제나 듣기 좋은 말만 하는 사람도 아름답습니다
남의 결점보다 장점을 얘기하는 사람도 아름답습니다
가장 아름다운 것은
떠나야 할 때를 알고 가는 이의 뒷모습이라고
지는 꽃(落花)을 노래한 시인도 있었습니다
한 아름의 기쁨을 선사하는 아름다움
아름다운 사람이라는 평을 듣는다면
성공한 사람입니다.

세 가지의 내가 있다니

내가 아는 나
남이 아는 나
나도 남도 모르는 나

어떤 이는 나를 백합이라 하고,
나도 나를 모르고,
남도 모르는 내가 있고,
남은 나를 연꽃이라 하니…
도대체 나는 누구란 말인가?

콩 심은 데 콩 나고, 팥 심은 데 팥 난다

많은 속담들이 시대에 따라 사라지고 있습니다
그중 '십 년이면 강산이 변한다.'라는 속담은
결코 이 시대에 맞지 않는 말입니다
며칠 만에도 강산은 변하고 있으니까요
뒤돌아보는 사이에도 달라지고 있으니까요
그런데 지금도 변치 않는 속담이 있습니다
'콩 심은 데 콩 나고, 팥 심은 데 팥 난다.'
어쩌면 이 속담도 멀지 않은 날 사라질 수도 있습니다
콩을 심었는데 팥이 날 수도 있을 만큼
과학이 발달하고 있으니까요
아직은… 아닙니다.

지금 이 순간

우리는 자꾸만 미룰 때가 많습니다
내일 해야지
모레 가야지
글피에 만나야지
그러나… 지금 이 순간이 선물입니다
그 선물을 놓치고 언제 올런지도 모를…
선물을 기다리는 것은 지혜롭지 않습니다
지금이라는 선물을
공손하게, 기쁜 마음으로, 온몸으로 받아 보세요.

엄마의 사진

어떤 엄마의 이야기가 가슴을 울립니다
그 엄마의 딸은 사춘기에 집을 나가 창녀가 되었다고 합니다
창녀촌에 있다는 풍문을 듣고 그 엄마는
딸의 사진을 벽에다 붙일 수는 차마 없었습니다
그 엄마는 딸 사진 대신 자기 사진을
창녀촌 곳곳에 붙이고 다녔습니다
딸은 자기를 알아볼 것이고,
엄마에게 연락을 해 오리라 생각했기 때문입니다
어느 날부터 그 창녀촌에는
그 엄마의 사진이 곳곳에 걸렸습니다
지금도 그 엄마는 애처로운 마음으로 딸을 기다리고 있답니다
엄마의 마음은 그렇습니다
그 어떤 엄마나 다 그렇습니다.

단점만 보는 눈, 장점을 보는 눈

눈에는 두 종류가 있습니다
좋은 눈, 나쁜 눈
물론 시력으로 따져서 그렇게 부릅니다
그런데 그 사람 성격으로는
단점을 보는 눈과 장점만 찾아내는 눈이 있습니다
사람을 어찌 좋은 사람, 나쁜 사람으로만 나눌 수 있을까요?
장점도 있고, 단점도 있는 것이 사람인데…
그런 사실을 알고 있는 눈이 아름답습니다
단점만 보는 눈은 무섭습니다
내 단점을 보고 있으니까요.

누구나 스승이다

침묵만 지키고 있는 바위도
우아하게 헤엄만 치는 백조도
씨 뿌리는 농부도
쓰레기 치우는 청소부도
그 누구도 내게는 스승입니다
늘 술에 취해 다니는 사람도
자식을 낳아만 놓고 버린 사람도
교도소에 갇혀 있는 사람도 스승입니다
나는 저렇게 되지 말아야지!
가르치는 스승
모두를 스승으로 삼으면 그는 철학적이 됩니다
혼자 깊어집니다
나는 누구에겐가 저렇게 나이 먹어 가야지!
하는 스승이 되어야겠습니다.

시간의 요리사

요리는 과학입니다, 예술입니다
요리학원에 가면 배울 수 있습니다
그러나 시간의 요리는 그 누구나 잘 할 수 있는 것은 아닙니다
시간을 잘 요리하는 기술을 가르치는 학원은
그 어디에도 없습니다
우리 스스로가 게으르지 않게,
규칙적인 생활을 할 수 있게 노력해야 합니다
시간을 잘 요리해야 훗날 어른이 되었을 때
분명한 자기만의 일을 갖게 될 것입니다
후회하며, 탄식하지 않을 것입니다.

날개 없는 새

키위라는 새가 있습니다
날개가 없어 날지 못하는 새
많은 사람들이 자기들도 새처럼 날고 싶어합니다
'아! 나도 새처럼 날 수 있다면!'
하고 새를 부러워합니다
그러나 자기의 재능을 알고 그쪽으로 매진하면
어느 날 날개가 생긴다는 사실은 잘 모르는 듯 보입니다
재능이 있어도 갈고 닦지 않으면
끝내 날개는 생기지 않는다는 사실도…
키위는 날기를 거부했기에 날개가 퇴화한 것입니다
말이 달리기를 거부하면 이미 말이 아니고,
고양이가 쥐잡기를 거부하면 이미 고양이가 아닙니다
날개는 내가 만드는 것입니다.

* 「길을 잃어야 길을 찾는다」(연인M&B, 2006) 잠언시집 중에서

엄마라는 이름으로…

아이들이 신생아기를 지나면서
제일 먼저 하는 말이 어ㅁ마! 입니다.
엄마라는 말을 아이의 입을 통해 듣는 순간
세상의 수많은 엄마들은
온몸이 환희로 가득 차오르는 느낌을 받습니다.
그래! 내가 네 엄마야.
너를 위해서라면 그 무엇이든지 할 수 있는 엄마야.
이렇게 속으로 되뇌이며 엄마는
더욱 철(?)이 들어가고, 인생의 깊이를 알게 됩니다.
엄마라는 이름은 숭고하기까지 합니다.
그런데…
화요일인가 방영된 TV프로에서 (TV는 사랑을 싣고)
저는 왠지 눈물이 흐르지 않는 사연을
그저 먹먹한 가슴으로 듣고 있었습니다.
육십이 될까 말까한 강한 인상의 한 어머니가
TV에 나와 아들에게 용서를 비는 장면이 있었습니다.
큰아들과 작은아들 형제를 둔 엄마가
남편의 외도와 폭력으로 집을 나갔고 (큰아들이 아홉 살 때)
이십 몇 년인가를 각자 살아오다가
아들을 찾아 용서를 비는 늙은 어머니
큰아들은 새 엄마의 구박을 견디며 살았고,
아버지가 치매에 걸리자
간호하던 착한 동생은 암으로 죽었으며
큰아들은 고등학교도 다 못 마치고 돈을 벌어야 했다는 이야기!

어린 자기들도 참고 살았는데
왜 엄마는 참지 못하고 나갔을까 의문이라는 아들
저는 아들은 가엾어서 눈물이 나왔지만
그 늙은 어머니가 가엾다는 생각은 들지 않아
씁쓸한 마음이었습니다.
어떤 경우에도 엄마라는 이름으로 참아야 하는데…
삶의 겨울 선인장처럼 강추위도 견디어야 하는데…
그렇게 버리고 떠났다가 자기도 삶에 지치고
아들도 지쳐 있을 때 비로소 용서를 비는 엄마.
삶이라는 것은 스트레스의 연속이며 하나의 산을 넘으면
또 하나의 산이, 강이 기다리고 있는 것입니다.
그것을 잘 넘고, 건너면서 아이들이 상처 입지 않도록
곁에 있어 주는 사람, 그 사람은
엄마라는 이름을 가진 우리입니다.
추운 겨울입니다.
아이들이 방 안에만 있지 않도록
추위도 이겨 낼 수 있도록 배려해 주시기 바랍니다.
겨울이라는 산을 넘지 않고는
봄으로 갈 수 없다는 것도 일러 주시기 바랍니다.
이 세상에서 가장 아름다운 꽃은 아이들이고
이 세상에서 가장 아름다운 단어는 엄마입니다.

꽃을 싣고 가는 트럭이 행복하다

어느 날, 한적한 시골길을 달려가는데
꽃들을 가득 실은 트럭 한 대가 지나가는 것이 보였습니다.
수선화, 팬지, 데이지, 아카도 등 온갖 봄꽃들이
그 트럭에서 한들거리며 조잘거리는 듯 보였지요.
팔려가는 꽃들인지, 어느 전원주택으로 심겨질 꽃들인지
그들은 보는 사람을 희안하게 밝혀 주며 갔습니다.
어느 교차로에서 그들과 헤어지며 저는 속으로 말했습니다.

"안녕! 꽃들아 너희들을 싣고 가는 트럭은 행복할 것이다.
너희들 대신 닭장을 싣고 달리는 닭장차와
도축장으로 소를 싣고 달려가는 트럭들을 볼 때
나는 눈물겨웠다.
사람에게도 꽃 같은 마음이 실릴 때 아름답지,
짐승 같은 마음이 실릴 때는 결코 아름다울 수 없단다."

어쩌다 그 순하디 순한 소와 닭을 싣고 가는 트럭을 보면
얼마나 미안하던지, 얼마나 눈물겹던지…
시인의 감상일까요?
나는 꽃을 싣고 가는 트럭의 행복을 분명 보았습니다.
산에는 진달래도 피었고 복숭아꽃도 핀
4월 어느 날의 일입니다.

오월

오월은 금방 찬물로 세수를 한
스물한 살 청신한 얼굴이다.
하얀 손가락에 끼어 있는 비취 가락지와
오월은 앵두와 어린 딸기의 달이요.
오월은 모란의 달이다.
그러나 오월은 무엇보다도 신록의 달이다.
전나무의 바늘잎도 연한 살결같이 보드랍다.
신록을 바라다보면 내가 살아 있다는
사실이 참으로 즐겁다.
내 나이를 세어 무엇하리 나는 오월 속에 있다.
–피천득님의 〈오월〉이라는 수필입니다.

이 아름다운 5월에는 아픈 추억도 어두운 그림자도
다 뒤로하고 싶어집니다.
하-얀 손수건에 푸른 물이 들 것 같은 5월.
사랑하고 또 사랑하여도 부족한 달입니다.

장미보다 더 아름다운…

요즘 미스 코리아를 선발하고 있습니다.
그 사람들은 지성과 미모를 함께 겸비한 여성들임을 알겠더군요.
예전에는 지성이 빼어나면 미모가 빠지고
미모가 빼어나면 지성미가 결여되어 있어
어딘가 종이 장미 같은 사람들이 많았습니다.
paper roses.
종이 장미에는 향기가 없지요.
나비나 벌이 날아들지 않습니다.
우리는 겉만 꾸미고, 다이어트에 올인하고
그러고는 선(善)을 행하고, 덕(德)을 쌓는 데는
소홀한 것이 아닌가 하는 생각이 듭니다.
하루에 한 가지라도 착한 일을 한다면
하나님, 부처님은 우리를 얼마나 예쁘게 보실런지…
그냥 착하기만 하면 악한 사람에게 이용당하고, 상처받기에
그 착함을 지킬 수 있는 독(毒)함도 갖고 있어야 합니다.
눈에 이글거리는 분노와 열정을 품고 있던 여성이
고즈넉한 지혜를 담고 조용한 눈빛을 지니게 되었을 때
우리는 아름답다고 향기가 있다고 느낍니다.
어느 날-
차를 주차하다가 낡은 책을 들고 서 있는
학부모를 보았습니다.
여인을…

자기를 위해 단돈 만 원도 안 쓰는 여성이었지만
이동도서관을 향해 가는 그 모습은 그 누구보다
지성과 감성이 풍부해 보이는 아름다운 모습이었습니다.
그렇습니다.
비록 입고 있는 옷이 낡고 초라해도
교양과 지성이 넘칠 때 미스 코리아보다
더 향기로운 아름다움을 풍기게 되는 것입니다.

꿈

기나긴 인생의 여정에서
휴대해야 할 물건은 많습니다.
그중에 절대 잊지 말아야 할 것은
'꿈'입니다.

사람은 나이를 먹을수록 육신이 늙어 감을 안타까워합니다.
허리 굽은 할머니도 "예쁘시네요!" 하면
좋아서 "호호호!" 웃으십니다.
그러나 나이를 먹어 육신이 늙고, 오그라드는 것보다
더 안타까운 것은 꿈을 잃어 버리는 것입니다.
꿈을 잃은 여성은 아무리 젊다 해도 향기가 없고
아직도 꿈을 품고 사는 여성은 아무리 늙었다 해도
그윽한 향기가 납니다.

여름 내내 꿈보다 더위 피하기에 급급했던 우리.
이제 귀뚜라미 우는 밤에 우리의 구겨진 꿈을 꺼내 잘 펴고
다시 한 번 꿈을 이루기 위해
한 걸음 한 걸음 나아가야겠습니다.

* 태양을 등졌을 때에는 자신의 그림자밖에 볼 수 없다. ─칼릴지브란

매미의 일생

매미는 여름날의 서정을 북돋는데
없어서는 안 될 곤충입니다.
매미가 우는 날.
시원한 수박이나 참외를 먹으며,
흘러가는 구름을 보며 발을 계곡물에 담그고 있으면
행복이 별거냐? 이런 것이 행복이지!
하는 생각이 듭니다.
매미는 애벌레 상태로 칠 년인가를 땅 속에 있다가
매미로 나와 일주일인가를
노래만 하다가 죽어 갑니다.
우리는 과연 어떤 것을 위하여
칠 년을 아니 칠 개월이라도 준비한 적이 있었던가?
하는 부끄러움이 있습니다.
덥다! 덥다! 하는 여름도 이제 고비겠지요.
8일이 입추, 9일이 말복, 23일이 처서
처서 무렵에는 귀뚜라미가 울고 여름 내내
별 생각없이 살았던 내가 와락 부끄러워지는 이상한(?)
계절 가을이 올 겁니다.
건강하게 여름의 고비를 넘기세요.

토란 이야기

저는 지나가다가도 토란을 보면
'아! 저기 토란이 있네!'
뒤돌아보고 또 돌아보며 가는 사람입니다.
토란 잎을 너무나 좋아하거든요.
연꽃잎 같은 큰 잎이 얼마나 아름다운지!
꽃보다 더 가슴을 파고듭니다.
흙 속의 알, 토란(土卵)이 어찌나 매력적인지
유성 재래시장에서 물어물어 토란 한 상자를 샀답니다.
작은 밭에 땀 흘리며 심었습니다.
과연 그 넓적하고 멋진 토란 잎을 볼 수 있을까
반신반의하면서…
그런데 이럴 수가…
어느 날 보니 뾰족하게 '나 여기 있어요!'라고 말하며
흙 속에서 초록색 고개를 내밀고 있지 뭡니까!
어떤 녀석은 일찍 나와 씩씩하게 자라고 있고
또 어떤 녀석은 죽은 듯 잠잠하며 애태우더니
오늘에서야 싹을 쏘옥 내밀고 있었습니다.
생명(生命)이란 얼마나 강인한가!
새삼 놀라며 행복을 느낍니다.
죽지 않고 살아 주어서 얼마나 고마운지!
밭에서 풀을 뽑아 주며 저는 호미질을 할 때마다
똑−똑 떨어지는 땀방울에서 희열을 느끼곤 합니다.

그리고 풀의 그 강하디 강한 생명력에 몸서리치다가도
내 마음의 뜨락에서 자라는 잡초도 뽑아내야지!
남을 용서하지 못하는 마음의 잡초.
뽑아야지! 결심하곤 합니다.
그리고 지렁이 몸을 본의 아니게 두 동강이 낸 행위에
죄책감을 느끼니까 과학자인 친구는
시인의 넘치는 감성이라며
지렁이는 스스로 몸을 끊어 가며 산다고 얘기해 주더군요.
안심이 되었습니다.

여름은 살아 있는 교과서이다

여름은 열매가 열음에서 왔습니다.
열음→여름
열매가 열어 단맛이 들어가는 이 계절은
그 어느 계절보다 왕성합니다.
인생으로 치면 청년기라 할까요?
흐르는 물, 무성한 풀, 매미 울음소리,
단내를 풍기는 참외, 쩍~ 갈라지는 수박.
이 여름은 아이들에게 많은 것을 체험하게 하는 계절이며
어른들은 어디론가 일상을 떠나
진정한 나를 찾아보고도 싶어지는 계절입니다.
가까운 친척집에도 보내어 그 집 문화도 익히게 하고
엄마, 아빠와 떨어지는 연습도 하고,
기차도 타 보고 찐 옥수수도 먹어 가며
유치원이나 학원에서 배울 수 없었던
진정한 힘을 기르는 기회로 삼았으면 합니다.
아이들 마음속에 끝내 남아 있을 즐거운 여름의 추억.
어른들이 만들어 쌓아 주어야겠습니다.
이 여름은 신이 만들어 준 살아 있는 교과서입니다.

가을에는…

그 어느 해보다 더웠던 여름이
슬금슬금 물러나고
고개 숙인 수수목, 누렇게 익어 가는
벼이삭, 밭과 논에 서 있는 허수아비에서
가을을 느끼게 되는 9월이 수채화 물감처럼
번져 가고 있습니다.
가을엔 편지를 하겠어요.
누구라도 그대가 되어 받아 주세요…
고은 시인의 〈가을 편지〉라는 시(詩)가 떠오르는 시절.
반바지 차림으로 더위를 피하던
모습에서 이제는 먼- 인생의 뒤안길에서
돌아와 거울 앞에 선 누이처럼
우리가 살아온 날들을
돌아보고 그 누구에겐가 한 통의 편지라도 써서
우체통에 넣어 보면 어떨까요?
아날로그적(的)이지만 E-mail로 보내는 것보다
가을에 더 어울리지 않을런지…
가을엔 이상하게 지난날들이 생각납니다.

* 아이들과 도서관, 박물관 순례해 주시기 바랍니다.

더도 덜도 말고 한가위만 같아라!

제가 어릴 적 추석이 되면
노란 갑사 치마저고리를 어머니께서
손수 만들어 주셨습니다.
어머니의 재봉틀 옆에서
예쁜 한복이 만들어지는 모양을 보며
어서 추석이 왔으면 좋겠다!
설레이던 날들이 옛 영화처럼 떠오릅니다.
둥근 달을 보며 소원을 빌었던 어린 시절.
지금은 추석 연휴가 긴 것이 안타깝습니다.
한국의 가을은 그야말로 한 폭의 수채화처럼 아름답습니다.
그 아름다움을 무엇으로 비교할 수 있을까요?
선물을 손에 든 친척들이 모여들고,
송편 찌는 냄새가 집안 가득하고…
어른들에게는 부담되는 명절일 수도 있지만
우리 아이들에게는 그야말로 신나는 명절입니다.
어릴 적 체험이 이 세상을 살아갈 힘! 힘입니다.
더도 말고, 덜도 말고 한가위만 같았으면!
행복한 연휴 보내세요.

아름다운 눈

아름다운 눈이란 크기에 달려 있지 않습니다.
아름다운 눈이란 눈 색깔(검든, 푸르든, 갈색이든…)에
달려 있지도 않습니다.
안경을 썼든 안 썼든 그것과도 무관합니다
아름다운 눈이란
사물에 깃들어 있는 정신을 보는 것이고
사람에게서 풍겨져 나오는
향기를 맡을 수 있는 눈일 것입니다.
아름다운 눈은 아름다움을 발견하고, 감동하는 눈입니다.
사실 아름다운 눈은
아이들처럼 천진하지 않으면 가질 수 없듯이 말입니다.
가엾은 영혼을 어루만지는 눈,
나무라지 않고 미소 짓는 눈,
따스한 마음이 깃들어 있는 눈,
책을 많이 읽는 눈,
그 눈이 아름답다는 것을 모르는 사람은…
거의 없습니다.

벼는 익을수록 고개를 숙인다

요즘 들녘에 나가면 누렇게 익어 가는 벼이삭,
소금을 뿌려 놓은 듯한 메밀꽃,
빨간 고추, 베어서 세워 놓은 깻단, 누런 호박…
이런 것들이 도시에서 지친 가슴과 머리를 어루만져
흐뭇하게 해 줍니다.
자연은 하나님의 옷자락이라 했던가요?
자연만큼 위대한 스승은 없다 했지요?
삶의 두께가 더해 갈수록
자연만큼 위안이 되는 것은 없다는 생각이 짙어집니다.
주변을 돌아보면…
사람이 많이 배우고 많이 지닐수록
교만해지는 사람들이 있기도 하지만
대부분 겸손해진다는 것을 느낍니다.
인생을 알면 알수록 겸허해져서 우리가 쌓아 온 것들이
우리가 한 것이 아니라는 것을 깨닫게 됩니다.
자연 앞에 서면 우리가 얼마나 작은 존재인가도…
그런가 하면 어정쩡하게 잘못 배운 사람은
빈 수레가 요란하듯 항상 요란합니다.
해바라기도 씨가 여물면 고개를 숙이고,
수수목도 익을수록 고개를 숙이고,
벼이삭도 여물수록,
익을수록 고개를 숙입니다.

얄팍한 지식과 논리로 이웃을 비방하고 매도하는
설익은 사람은 없나 살펴봅니다.
시대에 따라 사라지는 속담이 많지만
벼는 익을수록 고개를 숙인다는 속담은
어느 시대에도 사라지지 않을 것입니다.
사람 설익은 것이 제일로 꼴불견인 것 같습니다.

절대로 쓸 수 없는 말이 절대! 라는 말

우리는 살면서 거센 삶의 파도에 놀라 쓰러질 때도 있고
다시 일어나 이만하니 다행이라며
자기 스스로 위로하며 걸어갈 때가 있습니다.
언젠가 저는 친구들에게 이렇게 말했습니다.
'나는 절대로 차를 운전하지 않겠다고!
나라도 버스족으로 남겠다고….'
그러나 1998년 가을날 저는 도저히 안 되겠다 싶어
늦은 나이에 일사천리로 운전을 배웠고
한 번도 떨어지지 않고 합격, 면허증을 취득하였습니다.
우리는 때때로
절대로 나는 엄마처럼 살지는 않겠다고 다짐하던
처녀 시절이 있지 않았나요?
모든 것을 남편과 자식에게 바치고 늙어 가시는 친정어머니.
그 어머니의 늙으신 모습을 보면서, 쓸쓸함을 보면서
젊은 엄마인 여러분은 어쩌면
나는 저렇게 절대로 살지 않겠다고
다짐할 수도 있을 겁니다.
그러나…
'어느 날 먼-먼 삶의 뒤안길에서
이제는 돌아와 거울 앞에선 누이' 같은
꽃이 되어 나를 보면
거의 어머니와 비슷한 모습으로 서 있음을 보고

놀랄 수도 있습니다.
그것이 인생입니다.
이 깊어 가는 가을날, 여인들은 헤매이게 됩니다.
저 또한 인생 추수해 보니 쭉정이만 남은 느낌이 듭니다.
알곡은 별로 없고 헛살은 듯 가슴에 동굴 하나 생깁니다.
그 동굴로 바람만 지나갑니다.
어느 날 젊던 그 어느 날
미용실에서 수다를 떠는 여인들을 보며
'저 사람들은 왜 부끄러움도 모르고 저렇게 집안 얘기까지 할까?'
했는데… 저도 어느 날 그렇게
수다를 떨고 싶은 충동을 느꼈습니다.
절대로 나는 그렇게 안 해! 절대로 나는…
하지만 내 의지로 안 되는 일도
일어날 수 있는 것이 인생입니다.
그래서 지금 춥고 외롭고 목마른 이웃에게
우리는 친구가 되어야 합니다.
'절대 나는 그렇게는 안 살겠어!' 했던 저도
이렇게 살고 있습니다.
하고 싶은 일이 있으면 그때그때 하세요.
먹고 싶은 것이 있으면 그때그때 먹고
그렇게 살아도 가을이 되면 겨울도 멀지 않답니다.

풀밭 같은 사람, 돌밭 같은 사람

떨어지는 낙엽을 보며 '낙엽이 가는 길'을 생각합니다.
곱게 물든 낙엽들이 가는 길은 바로 흙으로 가는 길이며
자기들이 떠나온 나무에게 영양을 주는 길입니다.

우리는 과연 어떤 길을 가고 있을까?

내 아내,
내 남편,
내 아이,
내 이웃에게,
내 부모에게,
과연 나는 어떤 가슴을 내주었는가?
풀밭 같은 가슴에서 그들을 뉘게 해 주었는가?
돌밭 같은 가슴을 내주어 힘들게 했는가?
나무 밑에 가면 우리는 쉴 수 있었고,
조용히 명상에 잠길 수가 있었으며,
꽃향기를 맡을 수 있었고,
열매를 딸 수 있었습니다.
나무는 아낌없이 우리에게 주면서
아무런 불평도 없는데…
우리는 작게 도와주고도 크게 생색을 낸 듯합니다.
얼마나 부끄러운지!

사랑한다면서도 따지고, 계산하는데 급급했던
돌밭이면서 풀밭 같은 사람으로 착각하는 것이
바로 우리 보통 사람인가 봅니다.
조용히 나뭇잎을 뚝뚝 떨어뜨리고 있는
가을 나무 아래에서
부끄러워지는 11월입니다.

붕어빵 굽는 청년

요즘 간식거리로 싸고 맛있는 것 중에 붕어빵이 있습니다.
저희 집 강아지도 붕어빵을
우리 모르게 감추어 두고 조금씩 아껴 먹습니다.
저도 가끔 향수 음식이라 사서 추억을 먹곤 하지요.
저희 집 부근에 붕어빵 굽는 청년이 있는데…
어느 날부터인가 그 포장마차(?)는 끈으로 묶여 있고
그 길목을 지나노라면 왠지
서늘한 바람이 지나가는 느낌이었습니다.
왜 안 나왔을까? 어디가 아픈가?
매일매일 걱정이었지요.
그러다가 어느 날 퇴근길에 보니 불이 켜져 있고
그 자그마한 청년은 혼자 서서 붕어빵을 굽고 있었습니다.
와락 반가워 차를 세우고 가서 물었지요.
"아팠어요?"
"예, 많이 아팠어요."
안경을 낀 그 20대 청년은 정말 힘들어 보였고
저는 싸아 아파 오는 가슴에 붕어빵 2천 원 어치를 안고 돌아와
한 마리, 두 마리 먹으며 삶을 생각해 보았습니다.
하루 온종일 구워 팔아도 25,000원 정도 번다는 붕어빵 청년.
왜 삶은 착하고 성실한 사람에게 더 가혹한 것일까?
넉넉하다면 도와주고 싶은데…
혹여 간식을 해야 한다면 붕어빵을 사서 먹어 보세요.

그 속에 단팥도 있고 잊어 버린 우리의 추억도 들어 있습니다.
우리의 꿈나무들을 붕어빵처럼 찍어 낸 듯
똑같은 정서를 가진 획일화된 아이들로 키우지 말고
창의성이 있고 개성이 뚜렷한 아이들로
자랄 수 있게 지도해야 합니다.

* 「엄마라는 이름으로」(연인M&B, 2007) 짧은 글 긴 감동 중에서

신(神)이 보낸 연애편지-봄

눈 닿는 데마다 꽃이, 새잎이
생활고로 얼었던 가슴을 어루만져 주는 요즘입니다.
버트란드 레셀은 이렇게 얘기했습니다.
"이탈리아 여행, 따뜻한 봄, 그리고 첫사랑은
우울한 사람을 행복하게 만들기에 부족함이 없다."고…
글쎄요?
여행도 그렇고, 첫사랑도 그렇고…
따뜻한 봄은 확실히 우리를 행복하게 해 주는 듯합니다.
우표를 붙인 편지를 주고받는 사람은 드물고
휴대폰 문자 메시지, E-mail로
서로의 감정을 간단명료하게 주고받는 디지털 세대!
빨간 우체통만 보면 가슴 설레이고
우체국 창가에서 그리운 사람에게 편지를 쓰는
시인이 있던 아날로그 세대는
이 봄이 신께서 보내 준 연애편지라는 생각이 듭니다.
복사꽃, 아기 진달래 울긋울긋 피어나는 삼월 하순.
디지털 세대인 예림유치원 학부모님들도
신이, 창조주가 보내 주신 연애편지-봄을
꼼꼼이 읽어 보시기 바랍니다.
봄이 가기 전에…
참으로 아름다운 편지랍니다.

줄탁동시

닭이 알을 깔 때 껍질 속에서 병아리 우는 소리를 듣고
어미 닭이 쪼아 깨뜨리는 것을 의미하는 용어입니다.
즉, 이 두 가지 일이 동시에 행하여져야 한다는 뜻으로
놓쳐서는 안 될 좋은 기회에 비유합니다.
아이의 배우고자 하는 욕구는 왕성한데도
엄마가 그 기회를 박탈할 때 아이는 성장에 문제가 생깁니다.
제때제때 나이에 맞는 발달이 이루어져야 함에도
바쁘다는 핑계로 슬프다는 이유로
아이와 눈도 마주치지 않고
아이가 자라면 유사 자폐증세를 보이기도 합니다.
발달에 장애가 옵니다.
무슨 아이든 상대의 소리에 귀 기울여 듣고
제때에 행위가 교육으로 이루어져야
원만한 성품의 사람으로 자라고
좋은 관계를 형성할 수 있는 사람으로 클 수 있습니다.
선가(禪家)에서는 '줄탁동시'를
대화가 잘 이루어지는 것을 뜻한다고 하는데…
엇박자를 놓는 사람은 어딜 가나
치워야 하는 헌 가구, 못 쓰는 기계 같습니다.
그런 사람이 의외로 많음은
줄탁동시가 이루어지지 않았음에도
원인이 있습니다.

메아리가 살지 않는 산

"메아리가 살게시리 산에 산에 나무를 심자."
라는 노래를 부르며 자란 50대, 60대의 어른들은
나무를 몇 그루라도 심어 본 기억이 있을 것입니다.
그러나 요즘 아이들은
나무가 울창한 산에 가서
"야호!" 하고 부르면
저쪽 산에서 조금 후에 야호! 라고 대답합니다.
그렇지만 나무가 없는 산에서는
아무리 소리쳐도 메아리가 없습니다.
얼마나 허망한가요?
메아리가 살 수 없어 떠난 것입니다.
사람도 마찬가지 맥락에서 생각할 수 있습니다.
사랑이 가슴에 가득한 사람은
무언가를 주면 감사해하고 응답이 있습니다.
"참 고마웠어요! 좋았어요!"
그러나 메마른 사람은
무언가를 가득 주어도 반응이 없습니다.
메아리가 없는 사람입니다.
우리는 아이들이 그렇게 삭막한 인간이 되어서
이 세상을 매력 없게 살아가지 않도록
정서가 안정되고,
촉촉한 정서를 지니도록 예술적 소양을 길러 주고,

책을 많이 읽고 영화를 많이 보고,
좋은 사람을 만나도록 배려해야겠습니다.
덕분에 좋아요!
덕분에 행복했어요!
학부모님들 덕분에
이 오월이 더 푸르게 느껴집니다.

정승나무

저는 일하다가 시간이 날 때는
유치원 뜨락을 돌아보며 풀도 뽑고 물도 주고 하면서
제 마음의 잡초도 솎아 내곤 합니다.
어느 날 뜰에서 서성이는데
누군가가 부르는 소리가 들렸습니다.
"예림 원장님~!"
"네~?!"
"아니, 고상한 예림 원장님이
이 좋은 나무를 이렇게 관리를 못하세요?"
울타리 밖에서 저에게 얘기하시는 거였습니다.
"이게 무슨 나무인지 아세요?"
울타리 밖으로 쳐진
아카시처럼 생긴 나무를 가리키며 물으셨습니다.
"이게 무슨 아카시입니까?
정승나무지~! 어서 인터넷으로 찾아보세요~"
선생님들에게 부탁해서 인터넷을 검색하니
정승나무라는 것이 나타났습니다.
옛날에는 서민들은 법으로 재배할 수 없게 했다는,
정승만 키울 수 있었다는 정승나무.
회나무라고도 부른다는 나무…
그 귀한 나무가 우리 유치원에
몇 그루나 자라고 있습니다.

어떻게 우리 유치원에 찾아왔는지…
새들이 열매를 따 먹고 응가를 해서 싹이 난 것인지…
아무튼 우리 교육기관에
정승나무가 자라고 있다는 것은 길조라고 합니다.
우리 유치원 출신들이 아마도
훗날 정승 자리에 오르고 이 분야 저 분야에서
두각을 나타낼 인물로 나타날 모양입니다.
그런 생각을 하면서 요즘 흐뭇합니다.

아버지라는 이름으로…

살다 보면 가끔은
몸이 말을 걸어올 때가 있습니다.
너무 스트레스를 많이 받고 있으니 주의하라고…
어느 날 병원에 다녀서 길을 걸어가는데
트럭에 참외를 쌓아 놓고 파는 아저씨가 눈에 띄었습니다.
그는 계속 운전석에 앉아 있는
아내와 아기를 위해 부채질을 해 주고 있었습니다.
얼마나 무더운 날씨였는지!
가만히 있어도 땀이 흐르는 한낮이었는데
아기와 아내를 위해
연신 부채질을 해 주고 있는 젊은 아빠!
나는 그 모습에 감동하여
필요하지도 않은 참외를 한 바구니나 샀습니다.
집에 돌아와 참외를 깎아 먹으니
그 젊은 아버지의 부채질하는 모습이
참외 위로 아른거렸습니다.
아버지!
아버지라는 이름으로 무책임하고,
권위적인 무서운 아버지도 적지 않지만,
대부분의 아버지는
가시고기처럼 자식을 위해 다 바치고 갑니다.
감동도 잘하고, 눈물도 잘 고이고…

저는 이런 면이 싫을 때도 있지만
아름다움을 발견하는 '내 마음의 눈'이
흐뭇할 때도 있답니다.
세상의 많은 아버지들은
아버지라는 이름으로 힘들게 살아갑니다.
기꺼이 아이들을 위해서….

흔들리지 않고 피는 꽃이 어디 있으랴

"흔들리며 피는 꽃!"
도종환 시인의 시 제목입니다.

흔들리지 않고 피는 꽃이 어디 있으랴
이 세상 그 어떤 아름다운 꽃들도
다 흔들리면서 피었나니
흔들리면서 줄기를 곧게 세웠나니
흔들리지 않고 가는 사랑이 어디 있으랴

젖지 않고 피는 꽃이 어디 있으랴
이 세상 그 어떤 빛나는 꽃들도
다 젖으며 젖으며 피었나니
바람과 비에 젖으며 꽃잎 따뜻하게 피웠나니
젖지 않고 가는 삶이 어디 있으랴.

무더운 여름이지만
이제 8일이 입추이고 보면
멀지 않아 해수욕장은 쓸쓸해지고
짧은 옷이 와락 부끄러워지는 가을이 올 것입니다.
경제적인 사정 때문에
여행을 못 가셨던 가족들은
여행이 최고의 수업이라 생각하시고

가까운 곳으로 버스 여행이라도 떠나 보세요.
떠나 보면 내가 있는 자리가
더욱 애틋하게 보일 테니까요.
여행 떠나기가 어려운 분은
흔들리며 피는 꽃을 낭송해 보세요.
시 낭송도 스트레스 해소에 무척 좋습니다.

아름다운 사람

요즘 사람들은 그 누구나 박학다식합니다.
활자로 된 신문, 방송, 인터넷 등을 통하여
의사보다 더 의학 정보도 많을 수 있으며
연예인의 사생활도 훤히 알고…
남극에서도 인터넷으로 서로 소식을 주고받는 세상
이 세상은 결국 하나인 듯합니다.
아직도 저는 인터넷을 못하는 미개인입니다.
E-mail로 주고받는 편지가 아니라
원고지에 쓴 편지를 꼭 우체국에 가서 등기로 보냅니다.
신문도 꼭 ○○일보, ○○일보를 봅니다.
인터넷 신문을 볼 줄 모르니까요.
그래도 불편한 줄을 모릅니다.

가만히 주변을 살펴보면
자기만 잘났고, 자기만 억울하고,
자기만 너무 혹사당한다는 사람이 있습니다.
그런 사람은
자기 눈의 대들보는 보이지 않고
남의 눈의 티끌만 보는 사람입니다.
남이 하면 스캔들이고 자기가 하면 로맨스라는 사람,
늘 불평불만이 가득합니다.
다 남의 탓입니다.

그런 사람은 추합니다.
툭하면 남을 고소하고, 인터넷에 올리고
그러면서 혼자 쾌감을 느끼는 정상이 아닌 사람…
엽기적으로 무섭습니다.
직장에서도
자기가 찾아야 할 것은 다 찾아야 하고
해야 할 일은 등한히 하면서도
남의 핑계를 대는 사람이 있습니다.
내가 출세를 못한 것은
아내(남편) 탓이고, 직장 상사 탓이고, 동료 탓이고…
아직도 덥습니다. 그러나
한 줄기 바람은 가을을 느끼게 합니다.
요즘은 쿨(cool)한 사람이 아름다운 사람인 듯 느껴집니다.
미주알 고주알 자기 공을 내세우며
콩이니, 팥이니 따지는 사람보다
쿨하게 넘어가고 자기 잘못만 인정하는 사람
그런 사람이 아름다운 시대이며, 계절입니다.
고개 숙인 늦여름 해바라기처럼
내 탓이오! 하며 고개 숙인 사람이 드뭅니다.
그래서 더 아름답습니다.
가시 많은 벌레 먹은 장미보다….

아빠라는 이름으로…

아이들이 태어나 제일 먼저 하는 말은
엄마, 맘마, 아빠… 이런 순인 듯합니다.
아빠가 일터에서 돌아오면
아이들은 기어서라도 아빠에게 다가가 안깁니다.
아빠라고 해서 다 훌륭한 것은 아니고,
엄마라고 해서 다 거룩한 존재는 아닙니다.
자기 역할을 제대로 하지 않거나 못하면
남보다 나은 것이 없는 존재이지요.
자식이 사랑스럽다 해서 다 받아 주고
버릇없이 굴어도 웃기만 하는 아빠.
그런 아빠 슬하에서 자라는 아이가
예의 바르고, 자기 감정을 잘 통제하고 조절할 수 없습니다.
만 3세 이상이 되면
되는 것과 안 되는 것을 정해
좀 마음 아파도 엄격하게 교육을 시켜야
제대로 된 인성을 지니게 될 것입니다.
우리가 클 때는
두렵기만한 존재가 아버지였는데
지금은 오히려 엄마가 엄격하고 아빠는 자애롭기만 하니…
세월이 많이 흘렀고, 시대가 많이 변했습니다.
아버지라는 이름으로
모든 것을 자식에게 주고 간 '가시고기' 같은 아빠들…

자식을 사랑한다면
품위 있게, 예의 바르게,
끈기 있는 사람으로 키워야 할 것입니다.
떼쓰고, 울고, 기다릴 줄 모르는 이기적인 사람으로 키워지면
그들이 세상 살기가 더 힘들어진다는 사실을
구월이 오는 소리를 들으며 되새겨야겠습니다.
여름 내내 창을 열어 놓고 살았는데
이제는 무더웠던 여름은 추억으로 담아 두고
추석이 들어 있는 구월을
가장 아름답게 엮어 가야 할 것입니다.

가을 편지

가을엔 편지를 하겠어요
누구라도 그대가 되어 받아 주세요
낙엽이 쌓이는 날 외로운 여자가 아름다워요.

고은 시인의 "가을 편지"라는 시가
새롭게 다가오는 가을이 점점 짙어져 갑니다.
왜 요즘 사람들은
E-mail로만 편지를 주고받는지,
왜 휴대폰으로만 사랑과 우정을 주고받는지
아날로그 세대인 저는 의문입니다.
편지를 써서 우표를 붙이고 우체통에 넣는 낭만!
그런 낭만이 더 멋스럽고, 여운이 남지 않을런지…
이번 주 칼럼은
유치환님의 "행복"이라는 시를 선물로 드립니다.

사랑하는 것은 사랑을 받느니보다 행복하나니라
오늘도 나는 에메랄드빛 하늘이 환히 내다뵈는 우체국 창문 앞에 와서
너에게 편지를 쓴다
행길을 향한 문으로 숱한 사람들이
제각기 한 가지씩 생각에 족한 얼굴로 와선 총총히 우표를 사고 전보지를 받고

먼 고향으로 또는 그리운 사람께로 슬프고 즐겁고 다정한 사연들을 보내나니
　세상의 고달픈 바람결에 시달리고 나부끼어
　더욱더 의지 삼고 피어 헝클어진 인정의 꽃밭에서
　너와 나의 애틋한 연분도 한 망울 연연한 진홍빛 양귀비꽃인지도 모른다
　사랑하는 것은 사랑을 받느니보다 행복하나니라
　오늘도 나는 너에게 편지를 쓰나니
　그리운 이여, 그러면 안녕
　설령 이것이 이 세상 마지막 인사가 될지라도
　사랑하였으므로 나는 진정 행복하였네라.

詩처럼 아름다운 구월이 되시기 바랍니다.
바람이 오물을 스치고 지나가면 악취가 나지만
꽃을 스치고 지나가면 향기가 납니다.
사는 게 힘들지만 향기 나는 인격은 지닐 수 있습니다.
그렇지 않나요?

귀로 먹는 보약

나이 많은 어르신들은
봄에서 여름으로 여름에서 가을로 가을에서 겨울로
계절이 바뀔 때 힘겨워들 하십니다.
보약이라도 먹어야 하나?
밥이 보약이라고 하지만 그래도 나이 많으셔서
오랜 세월 세월에 부대끼고,
자녀들에게 시달린 부모님들께
보약 몇 첩(한 제?) 지어 드리고 싶은 자녀들이
많으리라 생각합니다.
낙엽은 스산하게 바람 따라 날리고
월동 준비에 마음 심란한 요즘,
저는 귀로 먹는 보약도 있다는 것을 알려 드리고 싶습니다.
저도 계절이 바뀔 때마다
한 차례씩 앓는 사람이라 보약 생각이 날 때도 있습니다.
그러나 한의원에서 짓는 보약이 아니라
귀로 먹는 보약이 더 힘이 나더라는 얘기,
오늘은 하고 싶습니다.
계절로 치면 인생의 10월 하순 또는 11월에 와 있는 저는
가을만 되면 내 계절이 왔구나 하며 행복해하는데
사실 기운이 좀 부족해지는 게 사실입니다.
어느 날 XX이 어머니가
"나도 나이 들어 원장님처럼 되고 싶어요."

하는 말을 듣고 얼마나 기쁘던지!
"왜 그렇게 늙으셨어요?"
"왜 그렇게 관리를 소홀히 하셨어요?"
하던 어떤 여인들의 말을 듣고
온종일 우울하던 경우와는 너무나 다르게
"아! 그래. 아직 나는 괜찮아. 엘레강스하다잖아?
고고한 백합 같다고 어느 권사님이 얘기했잖아."
하면서 생기가 돌기 시작했습니다. ^□^
나이 든 여자에게 뿐만 아니라
아이들에게도 귀로 보약을 먹이세요!
(칭찬은 고래도 춤추게 한다.)
날씨도 추운데 서로 서로 따뜻한 보약을 귀로 먹여 주면
이 겨울도 행복하고 따스하지 않을런지….

낙엽을 태우며

낙엽 타는 냄새 같이 좋은 것이 있을까?
갓 볶아 낸 커피의 냄새가 난다.
잘 익은 개암 냄새가 난다.
갈퀴를 손에 들고는 어느 때까지든지 연기 속에 우뚝 서서,
타서 흩어지는 낙엽의 산더미를 바라보며
향기로운 냄새를 맡고 있노라면
별안간 맹렬한 생활의 의욕을 느끼게 된다.
연기는 몸에 배서 어느 결엔지
옷자락과 손등에서도 냄새가 나게 된다.
나는 그 냄새를 한없이 사랑하면서
즐거운 생활감에 잠겨서는 새삼스럽게
생활의 제목을 진귀한 것으로 머릿속에 떠올린다.

이효석 선생의 수필 "낙엽을 태우며" 중에서 일부입니다.
나무는 한때 무성했던 나뭇잎을 뚝뚝 떨구며
겨울을 준비합니다.
아이들과 낙엽이 카펫처럼 깔린 곳에서
낙엽으로 샤워도 하면서 즐거운 시간을 보냈습니다.
월요일에는
월요신드롬(아이들이 이틀 쉬었다가 오므로 해서 약간 산만한 증상)이 있기에,
유치원 뜰에 있는 부뚜막에서
낙엽을 태우며 낙엽 타는 냄새도 맡아 보고

불이 얼마나 고맙고 그리고 무서운 것인가 하는
낭만적 수업과 실용적 수업을 함께하겠습니다.

큰 나뭇잎을 주워서 낙엽 편지라도 써 볼까요?
사랑한다고!…

학부모님들~ 사랑합니다!

기다릴 줄 알아야…

외국에 가면
우리나라 관광객이 많이 몰리는 나라에서는
"빨리, 빨리!"라는 말을 가게 등에서 합니다.
그곳에선 웃습니다.
한국 사람은 빨리, 빨리 해야 된다는 것을
그들이 알기 때문입니다.
식당에 들어가도 "여기 빨리 줘요~" 소리치고
그 어떤 일도 속성으로 해치워야 합니다.
"천천히 하되 제대로!"가 아니라
그저 대충하더라도 빨리 성과를 내는 것이 좋다면
그 성과는 모래 위의 집처럼 허물어집니다.
예전에는 밥도 뜸을 들이는 시간이 있었지만
요즘 밥솥은 뜸들일 시간도 없이 밥을 해냅니다.
느림의 美學(미학)을 강조할 수는 없지만
천천히 가도 제대로 가는
거북이가 토끼보다 여러모로 바람직하다고 생각한다면
아날로그적 생각이라고 할런지…
우리 아이들이 적응 훈련 기간이 지나고
이제는 원외로 나가도 되겠기에
여러 가지 체험을 시켜 살아갈 힘, 지혜를 길러 주고자 합니다
공연도 자주 보여 주고, 성교육, 소방훈련 등 단원에 맞춰
제대로 할 터이니 조바심 내지 말아 주시길 바랍니다.

그리고 유치원에서 모든 것을 다 해결시킬 수는 없습니다.
가정교육부터 철저하게 시켜 주시면서

(식생활, 예의범절, 도덕 교육 등)

유치원 교육과 연계시켜 나가야
제대로 교육이 되는 것이라 믿습니다.
그 무엇보다 그 무언가를 얻기 위해서는
기다릴 줄 알아야 한다는
'기다림'의 교육이 절실하게 필요하다고 봅니다.

아이들이 있기에

우리가 선택할 수 없는 것 중에 부모가 있습니다.
부모를 잘 만나야 양지에서 살 수 있다는 것은
그 누구나 알고 있는 사실입니다.
그다음은 선생님을 잘 만나야 합니다.
자라서는 배우자를 잘 만나야 합니다.
이, 삼대 만남이 잘 되었을 때
그는 아름다운 인생을 살 수 있지만…
부모는 잘 만났는데 선생님의 품성이 나쁠 때,
배우자와 인생관이나 가치관이 다를 때,
그는 굴곡 많은, 비 내리는 인생을 살아야 합니다.
서양 아이들은 부모를 significant other
(개인의 행동, 자존심에 큰 영향을 갖는 사람)라고 한답니다.
아이들은 우리에게 하나님이 맡기신 선물입니다.
아이들을 함부로 다루거나 자기 소유물로 여겨
자기의 한(恨)을 풀어 줄 대상으로 여긴다면
그 아이는 행복하게 자라날 수 없습니다.
삶이란 그 누구에게나 '늘 푸른 하늘'일 수 없고,
가끔은 비 내리고, 눈 내리고, 안개 끼는 날씨 같아서
주저앉고 싶을 때가 있지만
그래도 아이들이 있기에 다시 힘을 내어 살아가게 됩니다.
아이들이 있기에 우리는 새 힘을 얻고,
새 꿈을 꿀 수 있으니 아이들이 가장 큰 선물입니다.

물론 우리의 부모에게도 사랑을 바쳐야 하지만…
아이들을 위해서 항상
'모본'이 되는 사랑을 바쳐야겠습니다.
우리 인간이 입술에 올릴 수 있는 가장 아름다운 단어는
'어머니'이고, 어머니는 모든 것입니다.
슬플 때 위로가 되어 주고
절망했을 때 희망이 되어 주며
약할 때 힘이 되어 주는
어머니…
우리는 어떤 어머니를 가졌으며,
나는 어떤 어머니로 기억될까요?

이런 옛말이 있다

"검은 머리 짐승을 거두지 말라."
이런 옛말이 있다고 합니다.
검은 강아지나 검은 고양이를 얘기하는 것이 아니라
사람을 가리키는 말이라고 합니다.
사람은 은혜를 잘 잊는 족속이라는 옛말이랍니다.
사정이 딱해서 은혜를 베풀었던 사람에게
꼭 배신을 한다는 말입니다.
은혜는 돌에 새기고 섭섭함은 못에 새기라 했는데…
사람들은 자기에게 은혜를 베풀었던 사람을 오히려
헐뜯고 다니고 해를 끼치는 경우가 많다고 들었습니다.
어찌 그럴 수 있는가요?
우리는 은혜를 입으면 그 은혜를 갚으려 노력합니다.
그것도 이자를 붙여서…
그런데 사람 중에는 자기가
입은 은혜를 원수로 갚는다니 놀랍습니다.
참으로 기가 막힙니다.
그 마음을 이해할 길이 없습니다.
이 세상에서 착하게 살려면
그 착함을 지키는 독함도 있어야 하는가요?
그렇지 않으면 착한 사람, 베풀기만 하는 사람을
쉽게 보는 부류가 있는가 봅니다.
자기는 떳떳하지 않으면서 상대의 트집을 잡아

자기의 죄책감을 탕감받으려는 야비한 사람도 있습니다.
아내에게 자기가 외도한 것을 용서받아야 함에도
사사건건 트집 잡아 물고 늘어지는 악질 남편도 있습니다.
사람을 참 많이 사랑하던 나도 이제는
점점 옛말에 고개를 끄덕일 때가 있습니다.
옛말이 하나도 그르지 않다면서…
세월의 레슨을 받았습니다.
떳떳하지 않으면 미안한 상대에게 미안하다고 말하고
용서받을 일 있으면 용서해 달라고 하고,
사랑하면 사랑한다 말하고…
왜 그런 말들에는 어색한가요?
"고맙습니다, 미안합니다, 안녕하세요?"
이 세 마디만 잘해도 성공할 수 있습니다.

노래하는 아이들

유치원에는 새들이 날아와 물을 마시고, 날아갑니다.
저녁이면 이름 모를 새들이
청아한 목소리로 노래합니다.
새들이 노래할 때, 꽃들이 귀 기울여 듣습니다.
혼자 있을 때는 책을 읽고,
둘이 있을 때는 토론을 하고,
셋이 모이면 합창한다는 선진국의 얘기를 들으면
우리나라 사람들도 가무(노래와 춤)를 즐기는 민족인데
아이들이 동요를 잘 부르지 않는다는 생각을 합니다.
동요를 잊어 가고 있다나요?
동요를 자주 부르면 시적인 말도 구사할 수 있고,
폐활량도 늘어나고, 성격도 밝아집니다.
동요를 부르면 우리 어른들도 동심으로 돌아갑니다.
동요마다 색깔이 들어 있고 철학이 들어 있습니다.
어린이날이라고 해서 선물을 고르느라
요즘 어른들은 야단입니다.
저희들도 고민 많이 하다가
"동요모음집"을 선물하기로 결정했습니다.
동요를 자주 부르며 크는 꿈나무
아름다운 어른이 됩니다.

* 「아빠라는이름으로」(연인M&B, 2008) 짧은 글 긴 감동 중에서

3부

상처 많은 꽃잎들이
가장 향기롭다

잡초를 뽑으며…

뜰에 나서면
머리카락을 날리며 지나가는
바람, 햇살, 새소리, 시간이 흐르는
소리가 들리는 듯합니다.

봄 뜰은 꽃이 주역이다가
여름에는 잡초들이 어찌나 억세게 자기주장을 하는지
오며 가며 뽑아냅니다.

뜰을 쓸며 내 마음의 뜰을 비질하듯이
잡초를 뽑아내며
내 마음의 번민으로 자라는 잡초를 뽑습니다.
사람들은 고뇌에 차 어찌할 바를 모를 때
자기 계획대로 안 되고 운명이 엇박자를 놓을 때
청소를 합니다.
구석구석 청소하다 보면
마음도 맑아지고 정리가 되어 감을 느낍니다.

뜰을 보면 그 집주인의 정서를 알 수 있습니다.
잡초도 예쁘기에 못 뽑다 보면
꽃들이 시름시름 신음합니다.
뜰도 잡초를 뽑아내야 합니다.

왜냐하면 어느 날 보면 잡초의 강한 자기주장으로
꽃들이 속앓이를 하고 있기 때문입니다.
잡초는 역시 아름다운 정원을 훼방 놓고 있습니다.
어떤 것보다도 강한 생명력을 지니고 있는 잡초(雜草)!
잡초를 뽑아 두었다가 퇴비로 만들어
우리 뜰의 주역인 나무 거름으로 묻어야겠습니다.

우리 속 뜰을 아프게 하는
다른 사람의 질책, 비난도
우리를 아름답게 키워 가는
퇴비와 다르지 않음을 깨달아 갑니다.
모았다가 인격의 퇴비로 만들어야 합니다.

세월과 더불어….

덕담(德談)을 나누며…

까치 까치 설날은 어저께고요
우리 우리 설날은 오늘이래요
곱게 드린 댕기도 내가 드리고
새로 사 온 신발도 내가 신어요.

제가 어릴 때 부르던 동요입니다.
설빔을 만드시던 어머니의 싱거 재봉틀 소리
한 살 더 먹는다는 설렘에 잠 못 들던 어린 시절
이제는 한 살 더 먹는다는 나이의
무거움에 눌려 잠이 안 옵니다.
설날이 되면 서로 덕담을 나눕니다.
장가 못 간 총각에게
참하고 좋은 규수를 아내로 맞았다며? 라고 덕담을 건네고
취직 안 된 아가씨에게는
좋은 직장에 취직이 되었다며? 라고 축하합니다.
덕담이란?
더 늦기 전에 너 장가가야지, 취직해야지 쯧쯧…
혀를 차며 걱정하는 것이 아니라
이미 좋은 일이 생겼다고 가정하며 하는 말입니다.
2월은 작은 달이라 더 빨리 지나갑니다.
설날이 지나고 모두가
부자가 되셨다면서요?

사랑 부자, 꿈 부자 그리고 경제적인 부자
설날이 지나고 좋은 일이 많이 생겼다면서요?
새해 복 많이 받으시기 바랍니다.
새 꿈, 새 희망 가지시기 바랍니다.

3월과 4월의 교차로에서

시간은 어김없이 오고 가는데
별로 나아지지 않는 생활이 짜증날 때도 있으실 겁니다.

저도 그렇습니다.
그러나 아이들로 인하여 웃다 보면
그런대로 행복해지겠지요?

웃음은 마음의 거미줄을 걷어 내는 빗자루와 같아서
내 스스로 웃는 모습도 건강에 좋지만
남이 웃는 소리도, 모습도 좋기만 합니다.

산다는 것이 기쁨만의 연속일 수 없고
슬픔만의 연속은 결코 아닙니다.

이 지상에서 제일 예쁜 꽃, 아이들을 보노라면
어떤 분께서 저토록 예쁜 꽃을 만드셨을까 생각하게 됩니다.

이제 곧 목련이, 벚꽃이
활짝 웃으며 피어날 것입니다.

사람들은 장미가 예쁘다고들 합니다.
그러나 시인인 제 눈에는 그 장미를 돋보이게 하는

하얀 안개초가 더 아름다워 보입니다.

꽃의 달 4월을 맞으면서
나는 나만 돋보이려는 장미과(科)인가
그 장미를 도와 돋보이게 하는 안개초과인가
생각해 보는 것도 재미있겠습니다.

저요?
저는 대부분의 사람들이
11월에 핀 국화 같다고 합니다.
서리 맞고 핀 국화!
베란다에, 집 주변에 꽃을 완상(玩賞)하며
시라도 읽어 보세요.

나무 한 그루 심어 가꾸면…

4월엔 죽은 땅에서도 라일락은 피고
온갖 꽃들이 제 색깔과
향기를 뽐내며 피어나 마음을 흔듭니다.
그런데 해마다 식목일은 있지만…
나무 한 그루 심어 보지 못한 사람도
많은 듯합니다.
해마다 4월이 되면 나무가 없는
중국에서 누런 모래가 날아와
어찌나 힘들던지요.
우리나라는 사실 세계
그 어느 나라에 내놓아도
손색이 없는 사계절이 뚜렷한 나라입니다.
그러나 몇 십 년 전에는 산에 나무를
심자는 노래까지 있었습니다.
메아리가 살게시리 나무를 심자!
나무가 없는 민둥산에는
메아리가 살 수 없어 떠났지만
나무가 많은 산에서는 야호! 하면
금세 야호 하며 메아리가 울립니다.
우리 아이들 마음밭(心田)에도
나무를 심어 그 무엇에도 빠르게
반향을 일으키는 감수성 풍부한

어른으로 키워야겠습니다.
이번 식목일에는
아이들 마음에
남편 가슴에
이웃의 마음에
나무 한 그루 심어 가꾸는
현명하고도 아름다운 여인이 되어 보세요.
아니, 집 근처 공터에
아이들과 사과나무 한 그루 심어 보세요.
훗날 아이들과 달콤한 사과를
따 먹는다는 꿈을 가지고… 말입니다.

동방예의지국에서 동방무례지국으로…

예전에는 우리나라를
동방에 있는 예의범절이 빼어난 나라라고 칭송했습니다.
어른을 공경하고, 이웃을 챙기는 나라
그런데 요즘은 그 말에 무색해집니다.

어떤 나라이던가?
한국인은 출입하지 말라는 팻말이 붙어 있었습니다.
뷔페로 식사를 하는데 핸드백에
버터나, 티백 또는 빵 등을 넣어 가지고 가질 않나
자기가 먹은 테이블을 너무나 지저분하게 만들어 놓고
그리고 종업원에게 큰 소리로 따지고…
화장실도 함부로 사용하고…

아름다운 사람은
머문 자리도 아름답다고 하지요?

외국에 나가서의 추태야 새삼스럽게 얘기할 것도 없지만…
국내에서도 어른 공경은커녕
나이 든 사람을 얕잡아 보고 함부로 대하는 젊은이가 적지 않고
친구들을 왕따시키고 데려다 때리고
그래서 자살하는 소년도 있고,
인사도 제대로 할 줄 모르고,

식당에서는 아이들이 왔다 갔다 하며 떠들고 놀아도
제지하지 않는 젊은 부모!
그런 아이들이 자라면 그 부모처럼 무례한 어른이 되고
사회 갈등지수 높아져 그 치료비용이 300조 원이 넘고…

인연을 생각하는 달 오월에
서로 갈등을 줄이는 방법이 무엇일까 생각해 보는 것도
경제가 나아지는 길이 아닐까 싶습니다.

예의를 지키고, 공중도덕을 잘 지키는 것이
해답일 수도 있습니다.

인연(因緣)에 대하여…

5월 21일은 석탄일이자 부부의 날
그리고 절기로는 소만입니다.
석탄일은 부처님 오신 날이고
소만은 입하와 망종 사이에 들어 있는 절기로
여름 기운이 조금씩 차오른다는 뜻입니다.

불교 신자는 아니지만
어느 스님이 쓰신 시(詩)
성냄도 욕심도 내려놓고
바람처럼, 구름처럼
살다 가라 하네
하는 시구절을 알고 있습니다.

성냄을, 욕심을 내려놓기가
어디 쉽던가요?
그러나 모든 사람들과의 인연
어떤 물체와의 인연에 너무
묶여 있어도 삶이 고통스러울 것 같습니다.

부모 자식 간의 인연도 생각해 봅니다.
신이 도처(곳곳에)에 계실 수 없어
어머니를 만들었다고 합니다.

영국문화원에서 영어를 쓰지 않는
102개국 9만여 명의 남녀를 대상으로
가장 아름답다고 생각하는
단어가 무엇이냐고 물었더니
1위는 mother,
2위는 열정(passion),
3, 4위는 smile, love
아버지라는 단어는 72위 안에도 못 든다는
기사를 읽고 참 쓸쓸했습니다.

가족이란 영어 단어가 family
father and mother I love you라던가요?
엄마, 아빠 자식의 역할을 잘해서
직장인은 그 뿌리 내린 곳에서
꽃을 피워
서로서로 아름다운 인연이 되기를
빌어 봅니다.

자식 농사가 최고다

봄이 되면서 농부들은 더욱 바빠집니다.
좋은 씨앗을 고르고, 밭에 돌멩이를 고르고…
한 달에 버는 돈을 따져 얼마가 되든 그들은
땅에 씨앗을 뿌리고 흙과 대화하며 성스러운 농사를 짓습니다.
차를 타고 가다 보면…
인적도 없는 듯한 외진 곳에도 그 누군가가 밭을 일구어
작물을 가꾸고 있음을 보게 되고 감탄을 하게 됩니다.
저 땅을 일구기 위해
소는 워낭 소리를 내며 얼마나 힘들었겠으며
농부께서는 또 얼마나 땀방울을 떨어뜨리셨을지…
농자천하지대본(農者天下之大本)이라는 말이 맞습니다.
농사 짓는 분들이 계시기에 우리는 살고 있을 것입니다.
상추를 키워 보니
뜯어먹고, 또 뜯어먹어도 계속 자기 잎을 내어줍니다.
상추 대여섯 포기 심어 놓으니
늘 식탁에 상추가 싱그러운 표정으로 앉게 됩니다.
냉이, 질경이, 소루쟁이 등 나물도 길러 내는 시대이지만…
우리에게 채소와 곡물, 과일을 제공해 주는 농부 아저씨가
새삼 존경스럽고 고맙습니다.
그런데…
농사도 농사이지만 자식 농사가 제일이라고들 합니다.
요즘은 2, 30대까지도 부모에게 손을 벌린다는 것이니

오래 살아도 의무가 빨리 끝나지 않는 한
실버 세대임에도 돈벌이를 해야 하는 현실이니 안타깝습니다.
어쩌면, 6, 70대에도 일을 하는 것이
덜 늙는 비결일 수도 있지만
한국의 부모들은 가시고기처럼
자식에게 모든 것을 바치고 갑니다.
'자식 농사를 잘 지었어요.'라는 말은
일찍 출세시켰다는 의미보다
스스로 독립적인 인간으로 이 세상 험한 파도를
헤쳐 나갈 힘을 길러 주었다는 말이 아닐까요?
항상 대신해 주려는 부모,
그들은 훗날 자식 농사 잘 지었다는
찬사를 듣기는 어렵지 않을는지…
죽은 땅에서 라일락이 피는
잔인한 4월이 오고 있습니다.

웃음꽃이 아름답다

꽃의 축제가 끝나 가고 있습니다.
나 여기 있어요!
앙증맞은 보라색 제비꽃이 얘기합니다.
그 우아하던 목련꽃은 뚝뚝 눈물처럼 지고,
벚꽃도 눈처럼 떨어져 내리고,
꽃이 진 자리에 새 혓바닥 같은
연녹색의 새 잎이 돋으며
신록이 짙어져 갑니다.
꽃이 질 때 서럽기보다
꽃이 필 때 서럽다는 시인이 있습니다.
왜냐하면 미리 질 때를 생각하기 때문이랍니다.
꽃, 꽃…
많은 꽃들이 피고, 지고 합니다.
그런데 어떤 사람의 웃음꽃이 얼마나 더 아름다운가!
생각되는 요즘입니다.
한국 사람들은 잘 안 웃는 민족이라고들 합니다.
엘리베이터에 함께 타고도 표정들이 굳어 있습니다.
화난 사람들 같습니다.
저도 가끔 미소를 지어 보면 웃는 얼굴이 더 낫습니다.
그럼에도 자주 웃지는 못합니다.
웃을 일이 별로 없으니까?
그럴 수도 있겠지요.

아이들과 함께하는 이 직업은
그래도 웃을 일이 많은 편입니다.
직책이 높아질수록 웃으면 안 된다?는
교육도 받지 않았을 텐데
남녀를 불문하고 지위가 올라가면 갈수록
무게 실린 목소리, 굳은 표정,
아유! 질리게 하는 권위적인 태도!
외국에 가면 미소 지으며 다가오는 사람들
'무엇을 도와드릴까요?
이곳에서 사진을 찍으면 잘 나와요.'
친절한 사람들이 많다고들 합니다.
우리도 안면 근육을 풀고 삶이 힘들지만
웃음꽃이 가장 아름답다 생각하며 살면
좋은 일이 생길 것입니다.
웃을 날이 올 것이라 기다리지 말고 먼저 웃어 보세요.
웃으면 좋은 날이 곧 오겠지요?

딸이라는 이름으로…

지금이야 아들, 딸 구별 않는 양성(兩性) 평등시대이지만
불과 얼마 전만 해도 딸을 낳으면 속상해 울며
미역국을 먹은 엄마가 있다고 합니다.
하나의 인간으로 아들, 딸을 바라보고, 양육해야 함에도
예전에는 딸은 출가외인이라는 의식이 팽배해 있었습니다.
가정 형편이 어려우면 아들만 교육을 시키고
딸은 학업을 중단하게 했다는 옛 이야기!
그런 얘기를 들으면
당연히 공부를 계속하게 하셨던
부모님이 새삼 고맙기만 합니다.
그러나…
아직도 우리나라 문화는 남성 문화가 주도하고 있으며
여성에게는 유리 천장이 있어 더 이상 올라갈 수 없는
제도 아닌 제약이 있습니다.
알파걸이라 해서 판검사도 여자들이(그것도 미모를 겸비한)
의사도 여자가 많습니다.
그러나 아직도 여자 의사보다는 남자 의사를 더 신뢰하고
여자 변호사보다 남자 변호사를 더 선호, 신뢰합니다.
우리 여성들은 딸이라는 이름으로
굴레 아닌 구속이 있었습니다.
그러나 우리 유치원에 다니는 아이들이 자라 어른이 되면
어쩌면 모계사회가 정착되어 있을 수도 있고

딸을 낳으면 축하한다는 인사를 더 많이 받고 웃으며
미역국을 먹고 여왕처럼 몸조리할 수도 있겠습니다.
언젠가 '열 아들 안 부러운 딸 하나만 낳아 잘 기르자!'
이런 표어까지 있었지만
요즘은 출산 장려금에 보육비 지원에 이제는
미혼모까지도 우대해야 인구가 증가한다고들 합니다.
출가외인이라며 시집간 딸을 홀대하던 아버지가
재산을 모두 아들에게 바치고(빼앗겼을 수도)
딸에게 의탁해서 사는 경우도 많습니다.
양성(兩性) 평등시대!
여자아이에게도 남자가 하는 일을
남자아이에게도 여자가 하는 일을 서로서로 가르쳐
평등하게 살아갈 수 있도록 교육해야 합니다.
딸이라는 이름으로…
우리 여성이 더 행복한 사회가 되었으면 합니다.

부모는 기름진 밭이 되어야 한다

유치원 뜨락에
옥수수, 벼, 땅콩, 고추, 오이, 호박, 목화를 심었습니다.
매일 들여다보고, 풀도 뽑아 주면서
해마다 느끼는 것이 있습니다.
흙은 정직하다는 것입니다.
무언가를 받아들여 싹이 돋게 하고, 키워 가는 흙
유치원 뜰만 사진 찍어도
작은 식물도감 한 권은 만들 수 있을 듯합니다.
그런데…
위치에 따라서 자라는 속도도 다르고, 건강상태도 다릅니다.
흙이 기름진 곳에서는 쑥쑥 잘도 크지만
박토(양분이 거의 없는 흙)에서는
잘 자라지 못하고 안간힘을 씁니다.
보기에도 안쓰럽습니다.
어느 날 오이를 보니 구부리고 있는 애벌레 같습니다.
늘씬하고 잘생긴 오이가 결코 아닙니다.
크지도 않고 벌써 누렇게 익어 가고 있습니다.
이 오이를 보면서 부모의 마음밭(心田)이 기름지지 않으면
우리 아이들은 멋지게 자라서
결코 아름다운 사람이 될 수 없다는
두려운 진리도 새삼 깨닫습니다.
식물도 그럴진대 사람이 부모라는 인적 환경이 부실하면

어떻게 잘 자라겠습니까?
지금 20대 사람을 보면 그네들의 부모가 보입니다.
돌밭 같았는지, 기름진 풀밭 같았는지
훤히 보인다고 합니다.
30대부터는 자기가 조각해 갑니다.
그래서 나이 40에는 자기 얼굴에 책임져야 한다고 합니다.
부모가 책 한 줄 안 읽고, 불평만 가득한 돌밭 같다면
아이들이 과연 쑥쑥 자랄 수 있을까요?
꼬부라진 오이처럼 마음도 꼬이고,
결코 아름다운 성장을 할 수 있을까요?
우리 부모부터 기름진 마음밭이 되도록 노력해야겠습니다.
유치원 뜰에 거름을 좀 해야겠습니다.
호박, 오이, 옥수수, 고추, 땅콩 그들이 잘 자라서
우리에게 기쁨을 보다 많이 안겨 주길
기대하면서 말입니다.

엄마를 부탁해

소설가 신경숙 씨의 "엄마를 부탁해"라는 책이
외국에서까지 인기라고 합니다.
엄마! 아이들이 가장 많이 하는 말이자
가장 자주 부르는 이름이자
위로가 필요할 때 가장 많이 부르는 이름이 '엄마'입니다.
어른들도 힘들 때 엄마를 많이 부릅니다.
그 엄마가 어느 날 실종되고
자식들이 그제야 엄마를 찾아 나선다는 "엄마를 부탁해"
우리도 엄마이면서 우리의 엄마를 외롭게 한 적은 없었는지?
아이들을 위해서는 안 아끼면서
부모인 엄마를 위해서는 얼마나 인색했는지?
저도 가슴이 싸아합니다.
구십을 향해 가는 엄마에게 쓰는 돈은 아까워하고,
외롭다고 얘기하시는 엄마를 위해 얼마나 시간을 내어 드렸는지
가고 싶다는 곳에 함께 가 드린 적은 언제였는지…
저의 단 하나 딸도 제 마음을 잘 모릅니다.
함께 여행이라도 하자고 하면 바쁘다고만 합니다.
참다운 인식은 잃어버린 후에야 온다고 했던가요?
엄마가 내 곁에 살아 계실 때
내 아이에게 잘하는 것보다 더 잘해 드리기 바랍니다.
그래야 회환이 남지 않을 테니까요.

한 마리 새처럼, 한 마리 물고기처럼…

어느새 한해의 중반 6월
유월도 중순으로 접어들고 있습니다.
모내기한 논에는 벼들이 자라고,
감자밭에는 감자가 토실토실 살쪄 가고 있고,
산에는 뻐꾸기가 뻐꾹뻐꾹 노래하고,
들장미는 흐드러지게 피는 유월 속에 우리가 있습니다.
아이들도 쑥쑥 잘 자라고, 건강도 좋지만
경제가 원활하지 않아 우울한 요즘입니다.
모든 요금이 오르기만 하니 한숨이 나올 수밖에 없겠지요.
이럴 때는 아껴 쓰는 수밖에 별다른 방법이 없는 듯합니다.
더위는 찾아오고, 물가는 오르고…
이런 현실에서는 창공을 훨훨, 우아하게 나는 새들이
아! 부럽습니다.
그리고 물속에서 우아하게 헤엄치는 물고기가
오! 부럽습니다.
기온도 오르고, 물가도 오르는 유월.
우리는 마음다짐을 새롭게 하고,
우리의 소비 생활을 되짚어 보고,
더욱 알뜰하게 살면서 한 마리 새처럼, 물고기처럼
우아하게 시원한 오미자차 한잔 마셔야겠습니다.
짙푸른 나무를 바라보면서 말입니다.

철새에 대하여…

어떤 사람은 자기가 죽어 다시 이 세상에 와야 한다면
철새로 오고 싶다고 합니다.
그 사람뿐만 아니라 많은 사람들은 새를 좋아합니다.
훨훨 날개를 펴고 비상하는 모습은
우아하기 그지없고 자유롭게만 보입니다.
저도 한 마리 새가 되고 싶다는 생각을 해 본 적이 있습니다.
그러나 그 새들도 얼마나 고달플까?
알게 되고 나서는 철따라 이사 다니는 철새가 안쓰럽습니다.
어디 한군데 안주하지 못하고 떠도는 사람들
다섯 가구 중 한 가구는 혼자 사는 가구라고 합니다.
혼자 사는 사람들
자식이 있어도 자식들에게 폐가 될까 봐
혼자 연명하는 초라한 노년
그런 일인가구가 점점 더 늘어날 것이라고 합니다.
우리는 모두 외로운 존재들입니다.
최대 명절은 다가오는데…
자식도 찾아가지 않는다면 얼마나 비참할까요?
잘 살든 못 살든 찾아가 함께 정을 나누며
햇곡식으로 만든 음식을 먹는다면
어떤 보약을 먹은 것보다 더 힘이 나지 않을까 생각됩니다.
보양식이 넘쳐나는 세상이지만…
가족의 사랑만큼 효과가 강한 보약이 없음을

잊지 말아야겠습니다.
철새가 날아오듯 명절 때만이라도
고향으로 가서 가족과 보내야겠습니다.
신종플루 때문에?
그건 가족 사랑을 뛰어넘을 수 있는 것 아닐까요?
신종도 무섭고, 무례한 젊은이도 무섭고,
가을 모기도 무섭고, 불경기도 무섭습니다.
그런 때에 살고 있습니다.
우리도 때때로 철새처럼 떠나고 싶습니다.

얼굴

얼굴이란?
얼(영혼)이 사는 동굴이라고 합니다.
유명 화가가 예수님의 모델을 찾아다니다
한 선량해 보이는 남자를 찾아 예수님을 그렸습니다.
몇 년이 흐른 후
예수님을 배반한 유다를 그리려 모델을 찾아다녔습니다.
딱 맞는 모델을 발견…
그를 그리려 하니
그는 바로 예수님의 모델이었습니다.
한 사람의 얼굴이
세월에 따라 그토록 변한 것이지요.
12월, 내 얼굴이 어떤가?
거울을 봅니다.
많이 상하고, 변했습니다.
착하고, 너그러운 마음으로 산다고 했지만…
유난히도 스트레스가 많은 직업이라 그런지
많이 늙었습니다.
저는 선생님들을 초빙할 때도
미모, 품성을 봅니다.
역시 미모의 여성이 실력도 있고 능력도 있습니다.
그러나…
얼굴값(?)도 못하고

자기 인생을 무책임하게 내돌려
추락하는 얼굴도 있기에
책임감 있는 얼굴, 신중한 얼굴이
나이 들면 기품이 있고, 품위 있는 얼굴이
되지 않을까 생각해 봅니다.
학부모님들도 교사들의 얼굴보다
그 얼굴에 새겨 있는 책임감, 인내심을 보시기 바랍니다.

구월의 노래

구월이 오는 소리
다시 들으면
꽃잎이 지는 소리, 꽃잎이 피는 소리
가로수에 나뭇잎은 무성해도 우리들의 사랑은 낙엽이 지고…
쓸쓸한 거리를 지나노라면 어디선가 날 부르는
당신 생각뿐…
늘 자기 관리를 잘해서 70이 넘은 할머니임에도
멋진 외모를 지닌 패티 킴의 노래 가사입니다.
우리는 하루하루가 선물임에도 남의 험담에
쓸데없는 고민에 하루를 헛되이 보낸 적은 없는가
팔월과 구월이 교차하는 교차로 같은 이번 주에 생각해 봅니다.
누군가 나에게 소홀하다고 서운해 말고 나는 그에게
어떤 존재였는가, 그를 진정 도와주고 있는가를 생각해 보면
서운하던 마음이 와락 부끄러워지고
남의 탓으로 세월을 보내던 내가
어리석다고 푹 고개 숙이게 됩니다.
덥다고 짧은 옷으로 다닌 6, 7, 8월!
이제 사색적이고, 깊이가 있는 분위기의 구월입니다.
고은 시인의 "가을 편지"라는 시에 이런 구절이 있습니다.
'가을엔 편지를 하겠어요. 누구라도 그대가 되어 받아 주세요.'
E-mail, 문자 메시지 말고 편지(우표를 붙이는)를 써 보세요.

* 「딸이라는 이름으로」(연인M&B, 2010) 짧은 글 긴 감동 중에서

봄이와 햇살이의 설날

설날입니다.
한 살 한 살 더 먹을수록 봄이는 빠르게 늙어 갑니다.
힘이 넘쳐 침대로, 소파로 날아다니던 봄이도
이제는 기운이 없어 보입니다.
품위와 기품은 더 깊어졌지만…
햇살이는 두 살, 봄이는 아홉 살.
함께 산책을 나가면
아이들이 '아유! 예쁘다. 엄마와 딸인가 봐.'
가던 길을 멈추고 봄, 햇살을 보느라 야단입니다.
그만큼 봄, 햇살은 예쁘고, 순하고, 사랑스럽습니다.
언니가 사 준 설빔을 입었습니다.
밖에 나가니
사람들이 깔깔깔 웃습니다.
사람도 안 입는 한복 설빔을 입었다며 웃습니다.
별로 웃을 일이 없는 사람들에게
봄, 햇살은 늘 웃음치료사 역할을 합니다.
참 고마운 반려견들입니다.

아내의 방(房)

대부분의 사람들은 자기만의 방을 갖고 있습니다.
자기 방이 비록 누추하더라도 피곤한 몸을 회복시켜 주고,
아픈 마음을 어루만져 주는 곳이 바로 내 방입니다.
그런데 아내들은 아이들과 남편에게 방을 내어 주고
주방이나 거실에서 대부분의 시간을 보낸다고 합니다.
주방에 있는 식탁에서 책도 보고, 음악도 듣고
거실을 서재로 꾸며 공부하고…
어찌 되었든 아내들도 자기만의 방(房)이 필요합니다.
그것은 공간적인 방일 수도 있겠지만
그것보다는 경제력, 일을 뜻합니다.
여자도 일과 경제력이 있으면 결코 불행하지 않다는…
문화센터든, 평생교육원이든 공부할 곳도 많아졌습니다.
못 이룬 꿈이 있다면 더 늦기 전에 공부해서
자격증을 따거나 학위를 취득해도 좋겠습니다.
아이들 공부에만 전념하지 말고
아내들도 자기만의 방을 위하여 공부하는 사회가
건강한 사회가 되리라 믿습니다.

같이 가야 멀리 갈 수 있다

홀로 걷고 싶을 때가 있습니다.
동행 없이 그저 혼자 타박타박 걷고 싶을 때
그저 돌아온 세월 돌아보며
휘적휘적 걸으며 생각에 잠기고 싶을 때
그럴 때는 짧은 거리밖에 갈 수 없습니다.
되돌아와야 합니다.
그러나 동행이 있을 때는
긴- 여행도 가능합니다.
물론 서로 의견이 맞지 않아
티격태격할 수도 있지만
서로 의지하며
긴- 여행도, 멀리도 갈 수 있는 것입니다.
젊은 때는
혼자서도 잘 다니지만
나이 들수록 함께하는 여행이
낫다고 생각합니다.

가족이라는 이름으로…

가족이 있기에 어디에서도 살아 있으려 합니다.
가족의 재(再)구성 시대에 피를 나눈 가족이 아니어도
친구와 이웃과 반려견과…
가족이라는 이름으로 살아도 되는
그런 시대에 살고 있습니다.
가족이라는 이름으로
모든 것을 극복하고, 견뎌 내는 사람들
그래서
이 세상은 살 만합니다.

봄이의 낮잠

긴- 봄날.
봄이는 지쳤는지 벌러덩 누워 잠을 잡니다.
코까지 곱니다.
봄은 낮이 길어서
좀 늙은 중년의 봄이는 쉽게 지칩니다.
낮잠을 15분 정도 자면 머리도 개운하고
다음 일을 하는데 능률이 오른다고 합니다.
봄이는
무슨 꿈을 꾸고 있을까요?
산책길에서 만났던
'만두'라는 이름의 남자 개를 만나고 있을지도 모르겠습니다.
봄이는 남자 개들이 졸졸졸 따라오면 뒤돌아서서 나무랍니다.
나를 귀찮게 하지 말라고.
나는 결혼할 마음이 전혀 없다고 말입니다.

봄이의 봄

'봄'이라는 강아지가
'소라'라는 작곡가에게 온 것은 7년 전
추운 겨울이었습니다.
그 작곡가는 외동딸이어서
유난히도 강아지를 사랑하는 여성이었습니다.
스물여섯 생일 기념으로 산 봄이라는 이름의 하얀 강아지.
어찌나 활동적인지 힘이 넘치고, 기품이 있는 여자 개였지요.
'봄'을 기다리며 애완견 센터에서 사 온 말티즈
그 강아지와 작곡가는 자매처럼 그렇게
사랑하며 살았습니다.
함께 자며, 먹으며…
그러다가…
소라 언니가 미국으로 유학을 가게 되었지요.
엄마와 일주일을 협상하다가
큰 가방에 가득 옷과 소지품을 넣고 언니가 떠나고…
봄이는 일주일 넘게
현관에서 하염없이 언니를 기다렸습니다.
그리고는 체념한 듯 다시 엄마 품으로 안겨 든 봄이.
1년 넘어 언니가 다니러 왔을 때는
모르는 척 서운함을 내비치던 봄이.
엄마와 산책하며 언니를 기다린 봄이.
그 언니가 귀국, 다시 따스한 정을 나누며 살다가

언니가 결혼.
그 집으로 함께 혼수 1호로 가서 함께 사는 봄이.
봄이는 수선화 피는 봄에
언니와 산책하며 행복한 표정을 짓고 있습니다.
사랑하는 사람과 함께 사는 것.
사랑하는 사람과 함께 봄을 맞이하는 것.
어쩌면 그것이 가장 큰 행복일런지도 모릅니다.

비교는…

똑같이 네이비블루 옷을 입었는데…
햇살이와 봄이를 비교하며 가족들이 웃었습니다.
봄이는 살쪄서 옷태가 잘 안 난다며 말입니다.
듣고 있던 봄이가 항의합니다.
살은 산책을 자주 안 시켜 주어서,
불임수술을 받아서 찐 것인데
왜 날씬한 햇살이만 예쁘다고 하느냐?며
날씬한 몸매는 선(善)이고,
약간 통통한 몸매는 악(惡)인가요?
비교는…
사람이나 강아지나 다 싫어합니다.

걸림돌과 디딤돌

어떤 여성이 후배가 걸림돌이라고 얘기합니다.
그 직장에 먼저 들어왔지만 그 업계에서는
까마득한 후배인데 자꾸만 딴지를 건다는 것입니다.
그 여성은 50대(代)를 코 앞에 둔 여인이지만
지혜로움이 늘 부족했습니다.
그 걸림돌을 어떻게 하면 치울 수 있을까 고민하는 시간에…
그 돌을 디딤돌로 삼으면 어떨까 하고 물었습니다.
세상을 살면서…
어떻게 주춧돌만 되며 때로는 걸림돌을 만나고
그것을 디딤돌 삼아 나아가는 것인데
40대 후반이 되어서도 그런 깨달음이 없으니 안타깝습니다.
50이면 지천명(知天命)!
나이 오십이면 하늘의 뜻을 알게 되는데
아직도 20대 같은 그 여인의 얼굴이
설익은 과일 같았습니다.
나 또한 그 누구에겐가 걸림돌일 수도 있다는 것을
늘 염두에 두어야겠습니다.

한 방향(方向)으로 고개를 돌릴 때

부부란 마주 보는 것이 아니라
한 방향을 봐야 행복하다고 합니다.
남편이 '서쪽을 봐, 놀이 참 아름답다.'고 하는데
아내는 동쪽을 본다면?
아내는 음악을 좋아하는데 남편은 야구만 좋아한다면?
아마도 그들은 결코 행복하지 않은
봄, 여름, 가을, 겨울을 보내며 한탄하며, 늙어 갈 것입니다.
한 방향을 바라보는 부부가 이상적입니다.
같은 직업을 가지면 아마도 신비감은 없을지라도
이해하는 부부, 북돋아 주고 서로 버팀목이 되어 주는
부부가 되지 않을까 생각합니다.
배나무는 배나무끼리,
사과나무는 사과나무끼리 있을 때
아름답듯이 말입니다.
끼리, 끼리, 비슷한 사람끼리….

왜 사느냐고 묻거든…

왜 사느냐고 묻거든 그냥 웃지요.
라는 시(詩)구절이 생각납니다.
새로운 꿈도 없고
그저 물 흘러가듯 흘러가는 삶.
어떤 할머니가 물으십니다.
'사는 게 재미있어요?'
'네? 사는 게 재미없어요?'
사람들이 사는 게 재미없다, 없다 해도 왜 그럴까?
생각했는데 요즘 나도 재미가 없습니다.
열매를 다 따고 난 배나무 같다고나 할런지…
추수가 끝난 들녘 같다고나 할지…
새로움이 없는 삶.
매일매일이 거의 똑같으며 낮은 자세로 섬겨야 하며,
부당한 협박도 견뎌야 하며…
그래도 새싹 같은 아이들이 있어
유치원에 새벽같이 출근합니다.
인생을 재미로 살겠습니까?
그저 출발했으니 이렇게, 저렇게 궁리해 가며 사는 것이지요.
그래도 새로운 꿈을 꾸며
왜 사느냐고 물으면 그냥 웃으며 살아야겠습니다.
그냥 웃으며… 말입니다.

첫 번째 선물, 두 번째 선물, 세 번째 선물

선물을 싫어하는 사람은 거의 없습니다.
옛날에는 선물(膳物)로 반찬을 많이 주고받았나 봅니다.
선(膳) 자(字)가 반찬 선이니까요.
계란도 모았다가 선물하고
닭 한 마리, 배추 한 단 등을 선물로 주고받았다고 합니다.

아이들은 하나님이 주신 가장 소중한 선물입니다.
그런데 우리에게 주어진 첫 번째 선물은 '삶'이라고 하네요.
참 많이도 힘든 것이 삶이지만
그래도 그것은 첫 번째 선물이라는 것입니다.
그 첫 번째 선물을 사랑하며 소중하게 나눠야겠지요?

두 번째 선물은 사랑이라고 합니다.
사랑이 없다면 물이 없는 사막과 같고
숲이 없는 산(山)과 같을 것입니다.
사랑이 있기에 용서하며, 용기를 내며 살아갈 수 있습니다.

세 번째 선물은 서로 이해하는 것입니다.
나와 너, 더불어 사랑하며
삶을 아끼며, 서로 이해하는 선물.
매일매일 나눠 가져야겠습니다.

매화는 향기를 팔지 않는다

영동 지방의 폭설
구제역으로 산 채 땅에 묻힌 순하디 순한 소, 돼지…
아직 겨울의 잔해는 남아 있고
햇살은 봄을 속살거리는 2월
2월은 짧아서 금세 지나가는 느낌입니다.
한 해 한 해 나이는 먹지만 과연
나의 인품과 인격은 어느 정도인가 돌아봅니다.

젊어 보이는 것이 대세인 요즘
동안이라는 소리를 들으면
그 누구나 좋아합니다.
그러나…
날씬하고, 동안이어도
인격이 낮으면 그는 금세 잊혀지는
지나가는 2월과 비슷합니다.

진정 슬픈 사람은 아무 데서나
눈물을 흘리지 않으며
진정 아름다운 사람은 윗사람에 대해
함부로 말하지 않습니다.

우리를 슬프게 하는 것들…

어린 새가 엄마 새를 부르는
가냘픈 소리를 들을 때 슬픕니다.
배부른 모습으로 먹이를 찾아다니는
고양이를 볼 때 슬픔을 느낍니다.
허리가 기역자로 굽은 할머니께서 폐휴지를 주워 담고
힘겹게 지나가는 모습에서 삶의 비애를 느낍니다.
자기만 배부르면 되고 배고픈 사람의 마음을 헤아리지 못하는
그런 사람을 보면 막막한 슬픔을 느낍니다.
제대로 피어 보지도 못하고 시들어 가는 꽃처럼
가난 때문에 제대로 배우지도 못하고 궂은일을 하면서
세상을 힘겹게, 삐딱하게 보며 살아가는
젊은 여성을 보면 가슴이 아픕니다.
조금의 손해도 볼 수 없다는 듯 따지고 드는
젊은 여성을 보면 안타깝습니다.
이해타산에 너무나 밝은 여성을 보면 안타깝습니다.
내가 심은 씨앗이
제대로 크지 못하고
열매를 맺지 못하고
사라져 갈 때 안타깝습니다.
기다릴 줄 모르는 사람을 보면 안타깝습니다.
좋은 소식보다 나쁜 소식만 퍼뜨리고 다니는
여성을 보면 안쓰럽습니다.

자기의 부족함은 절대로 인정하지 않는
나이 든 여성을 보면 안타깝습니다.
고맙고, 미안하고, 안녕을
하루에 한 번씩만 써도
우리를 슬프게 하는 것들은
점점 줄어들지 않을까 생각합니다.

가족이라는 것은…

칠레 코피아포의 탄광이 무너지면서
지하 700m에 갇힌 광부 33명이
매몰 24일 만인 8월 29일 처음으로
가족들과 전화 통화에 성공했다고 합니다.
주어진 시간은 단 1분!

심리 치료사는 가족들에게
울지 말고 긍정적으로 얘기하라고 충고했다는
기사를 읽었습니다.
땅속에 묻힌 광부들은 가족들과 통화한 후
심리 상태가 많이 좋아졌다고 합니다.
땅속에 묻혀서 23분도 힘들고, 스물세 시간도 힘들 텐데
24일이나 삶을 이어 가는 사람들.
그 사람들을 구조하기 위해
모든 사람들이 힘을 모았습니다.

단 1분의 전화 통화!
그래도 가족들의 목소리를 듣고
안정이 되었다는 기사를 읽으면서
눈물이 주르르 흘러내렸습니다.
가족이라는 것은
기쁠 때보다 힘겨울 때 더 힘이 됩니다.

모든 것이 다 무너져 내려도
가정만은, 가족만은
무너지거나 해체되어서는 안 된다는 생각입니다.
집은 있어도 가정은 없는 그런 사람도 있지만
우리는 남남이라도 가족 같은 사람으로
서로가 서로에게 힘이 되어 준다면
삶에 어떤 태풍이 와도 살 수 있으리라
그렇게 믿습니다.

오해와 이해 사이

어느 날 벤치에 앉아 자판기 커피를 마시고 있었습니다.
이것저것 생각을 정리하기에 좋은 시간입니다.
그때 제가 단골로 다니는 전자상회의 여주인이 다가왔습니다.
늘 물건을 팔아 주어도 찡그린 모습, 짜증스러운 목소리…
나는 늘 저 여인을 왜 그리도 매너가 꽝일까?
궁금했습니다. 정말 완전 불친절 여인이었습니다.
그런데…
그 여인의 얼굴이 환해졌고
미소까지 지으며 인사하는 것입니다.
어찌나 놀랐는지!
제 옆에 앉아 자기가 살아온 이야기를 조근조근 들려줍니다.
이명증으로 몇 십 년을 고생했으며 잘 안 들려 병원에 가니
치료하기엔 이미 늦었다는 얘기.
달팽이관이 닳아서 그냥 포기하고 살라고 했다는 얘기.
어느 날 어떤 사람이 다슬기를 삶아 먹으라 해서
한 보시기씩 사다 삶아 먹었더니
귀 울림 증세가 없어졌다며 웃는
그 여인의 얼굴은 정말 예뻤습니다.

* 「가족이라는 이름으로…」(연인M&B, 2011) 짧은 글 긴 감동 중에서

2년 후…

양촌이라는 시골에는 온통 감나무
시월쯤에는 감이 주렁주렁 열려 온 동네가 감, 감입니다.
감은 먹는 것보다 바라보는 맛이 더 좋습니다.
코발트빛 하늘 아래 주황색 등이 켜진 듯
감은 가을의 감(感)을 잡게 하기에 그만한 것이 없습니다.
감을 따서 가득가득 가지고 도시 집으로 가지고 와
항아리에 담고 밀봉해 두면 감식초가 된다며
설레이는 마음으로 항아리에 담습니다.
아흔 즈음의 어머니께서
'내가 이 감식초를 마실 수 있을까?' 하십니다.
'2년 후를 기약할 수 있을까?'
순간 나와 동생은 멍-해집니다.
상담사인 동생이 재치 있게 말을 받습니다.
'그럼요! 이 감식초를 꼭 마셔야지.
이렇게 스스로 동기부여를 하세요.'
나는 두 모녀의 얘기를 들으며 가슴으로 눈물이 고입니다.
2년 후…
2년 후에도 세 모녀가 감식초를 담글 수 있기를
기도하는 시월의 마지막 일요일이었습니다.
주여! 이 기도를 꼭 들어주소서.

아무르

"아무르"라는 영화를 구도심(都心) 상가 2층
누추한 모습으로 자리잡고 있는
예술영화 전용극장에 가서 봤습니다.
한겨울임에도 난방조차 할 수 없어 담요 한 장씩
들고 들어가 뒤집어쓰고 오돌오돌 떨며 본 영화
노부부(老夫婦)의 이야기
고상하고, 기품 있는 예술인 아내가
어느 날부터 치매 증상이 나타나고
삶은 사막처럼 모래가 사각거립니다.
어느 날
아내를 방석으로 눌러 죽게 하고
남편은 창문을 모두 막고 함께 죽어 갑니다.
딸이 찾아와 그 모습을 보고 망연자실
울지도 못하는…
요즘 젊은이들은 디지털 치매가 있다고 합니다.
모두 스마트폰에서 다운받고, 입력했다가
터치하면 나 여기 있어요! 나타나니
두뇌를 잘 쓰지 않기에 나타나는 증상이라고 합니다.
출근길에서나 퇴근길에서나 그 어디에서나
스마트폰을 들여다보고 있는 사람들.
예쁜 낙엽이 떨어져도 바라보지 않습니다.
그저 똑똑한 스마트 스마트폰만 봅니다.

"아무르"라는 예술영화를 보면
치매가 얼마나 무자비하게 행복을 깨뜨리는지!
치매 환자가 늘어난다는데…
소리 내어 사랑한다고!
소리 내어 시 낭송하고…
소리 내어 노래하는 사람이 늘어나야겠습니다.

기다림이 진정한 사랑이다

그 누군가를,
그 어떤 기회를,
열차를 기다려 본 사람은…
기다림의 의미를 압니다.
기다림은 설레임과 두려움이
함께 섞여 있다는 것을 말입니다.
일생에…
진정한 사랑을 한 번 만난다면
그는 결코 실패한 인생을 산 것은 아닐 것입니다.
있는 그대로를 사랑하는 참사랑
그가 갖고 있는 지위나 명예를 선망하는 것이 아니라
그의 있는 그대로를 연민을 갖고 생각하는 사랑
그 사랑은
진정한 사랑은 기다리는 것입니다.
그가 돌아오기를,
그가 좋은 쪽으로 돌아보기를….

그들에게서도 배운다

보도블록이나 그 어느 곳에서나
싹이 돋고, 꽃이 피고, 열매(씨앗)를 맺는 잡초들
그들에게서 배웁니다.
강한 생명력(生命力)을…
베란다 꽃밭에도 이제는 다 끝난 생명이려니 하고
버려 둔 화분이 있습니다.
열심히 꽃을 피우고, 지고, 피던
이름도 모르는 꽃!
그런데 그 버려진 화분에서
또 잎이 올라오고, 꽃대궁이 올라오고…
아, 나는
너에게 배운다.
포기했었는데도…
너는 또 내게 희망을 가르치는구나.
눈물을 떨어뜨리며 그 화분에게 말을 건넵니다.
미안하다, 버려 두어서…
고맙구나, 아직 포기하지 않아서…
잡초에게서도 배우는 인생입니다.

꺾이고, 밟혀 누워서도 피리라

뜰에 있는 식물들을 유심히 보면…
우리에게 메시지를 보내고 있음을 듣게 됩니다.
하루 만에, 이틀 만에 쑥쑥 크고 있는 옥수수, 고추, 상추…
텃밭에서 자라는 작물 말고 정원에서 안간힘을 다해 자라는
그들에게서 '삶'을 배웁니다.
나무 벤치에 앉아 커피를 마시다가
아니! 누군가 뽑아 버린 어린 영산홍(影山紅) 한 포기가
반은 죽고, 반은 살아서 내 눈에 띄었습니다.
뿌리가 땅속에 온전히 들어가 있지도 않은 상태에서
그 어린 영산홍은 살아서 내게 눈짓으로
자기를 알리고 있음에 놀랍니다.
아! 미안하구나, 그것도 무척!
뿌리가 뽑힌 채로도 살아 있는데
나는 작은 상처에도 울며 아파했구나.
산(山)을 붉게 물들인다는 영산홍
내 마음을 이 아침 붉게 물들입니다.
살아 있음에 감사하고, 더 약한 사람 돌보며
그렇게 살아야겠다고 다짐하는 아침입니다.
유월도 가려 합니다.
하얀 돛단배처럼 7월이 밀려오는 아침입니다.

딴생각

엄마는 어디론가 셀폰으로 전화하고
강아지 햇살이는 저-쪽에서 만난 토리를 바라보고
그리움에 젖어 있습니다.
사람들도 제각각 딴생각을 할 때가 자주 있습니다.
한 사람은 해 뜨는 동쪽을
또 한 사람은 해 지는 서쪽을
보고 있을 때가 있는 것입니다.
딴생각.

매미의 일생

매미 울음소리가 소나기처럼 쏟아지는 8월입니다.
매미의 허물이 뜰 곳곳에서 발견됩니다.
매미는 칠 년인가를 애벌레로 땅속에서 기다리다가
매미로 되어 일주일인가를 살다 간다고 합니다.
매미 울음소리가 어린 시절 외갓집에서 보내던
여름으로 데리고 갑니다.
마른 쑥의 향기와 은하수, 그리고 시냇물
외할머니의 그 자애로운 모습…
매미의 다섯 가지 덕(德)이 있습니다.

문(文): 매미의 입이 곧게 뻗은 것은 갓끈이 늘어진 것을 연상케 하므로 배우고 익히라는 뜻이고
청(淸): 이슬이나 나무진만 먹고 사니 맑음이요.
염(廉): 농부가 가꾼 곡식이나 채소를 해치지 않으니 염치가 있고
검(儉): 다른 곤충처럼 집이 없으니 검소하고
신(信): 늦가을이 되면 때맞추어 죽으니 신의가 있다.

매미에게서 오늘도 다섯 가지 덕을 배웁니다.
모든 곤충, 식물에게서 배웁니다.

타라의 다리

타라라는 고양이가 어느 날
다리를 절룩이며 나타났습니다.
심하게 다리를 절어서 보니
누가 돌을 던졌거나 때린 듯한 상처로 속살이 다 보입니다.
구급약을 발라 주고, 급한 대로
손수건을 찢어 상처를 묶어 주고 기도했습니다.
이 타라의 다리가 온전해지기를!
그다음 날 나타난 타라
다리에 묶었던 손수건은 사라졌고
한결 상처가 아문 듯 보였습니다.
그렇게 하루, 이틀, 사흘…
어느 날 나타난 타라의 다리는
거의 나아 제대로 걸을 수 있었습니다.
함께 일하는 여자 기사는 애가 먹을 것을 주니
고양이들이 나타난다며 싫은 기색이 역력합니다.
그들이 뭐라 하던 나는 참치와 사료로
그들의 생명을 연장하고 있습니다.
사람도 소중하지만…
짐승들도 사랑스러운 존재이기에 그렇습니다.
우리가 무슨 권리로
그들의 다리를 부러뜨리고 굶길 수 있을까요?
인간의 오만에 때로 오한이 들기도 합니다.

강아지에게도 선천(先天)은 있다

봄이란 개(12살)는 사 올 때
가장 활발하게 노는 아이를 골랐다고 합니다.
어찌나 활발한지 침대 위로 뛰어 오르내리고
소파 가장 높은 곳에 날아가듯 올라앉습니다.
가만히 앉아 있을 때 보면 그 깊은 눈망울이 철학자 같습니다.
봄이는 유학 갔다 돌아온 언니와 함께 살고 있습니다.
그 아이와 둘이서 유학 간 딸을 기다리던 나날들
봄이가 지켜 주니 무섭지도, 외롭지도 않았습니다.
어쩌다가 우리 집에 맡겨 놓고 딸이 강의하러 가면
문 앞에서 계속 기다립니다.
전화만 와도 언니가 왔다는 전환가?
폴짝폴짝 야단입니다.
강아지를 키워 본 사람은 압니다.
그들이 얼마나 사람 마음을 잘 헤아리고 충성스러운지!
자식보다 낫다는 생각도 지나치지 않는 듯합니다.
따뜻한 반려견
왜 그들을 키우다가 버리는 것인지…
안타깝기만 합니다.
개에게도 선천(先天)이 있습니다.
교육으로, 훈련으로 고쳐지지 않는….

개미들

뜰 벤치에 앉아 커피 마실 때
아침 나절의 커피가 유난히 당깁니다.
커피를 마시며 뜰에서 도란도란 얘기하는
꽃과 나무 이야기에 귀를 기울입니다.
꽃도, 나무도, 새들도, 아침을 좋아하는 듯합니다.
어느 날, 잔디 사이로 개미들이
죽은 잠자리 한 마리를 물고 어디론가 (자기들 집으로)
끌고 가느라 애쓰는 정경이 눈에 띄었습니다.
그 개미들은 이게 웬일이야?
이렇게 큰 먹이를 발견하다니!
신이 나서 영차영차 몰고 갑니다.
가다가 넘어지고, 다시 물고 가느라 정신이 없습니다.
우리도 그 개미들처럼 자기 능력에 부치는
욕심을 안고 가다가 넘어질 때가 있습니다.
부도가 나기도 하고, 중병에 걸리기도 하고,
절벽 아래로 떨어지는 절망의 덫에 걸리기도 하면서…
개미도 능력 밖의 먹이를 물고 가다가
사람들이 무심코 밟고 갑니다.
놓아 버리면 될 것을….

햇살이의 가을

햇살이가 하루 중 제일 행복한 표정일 때가
바로 산책할 때입니다.
아빠의 번역 일이 끝나기를 기다렸다가 4시경이 되면…
코를 벌룸거리기도 하고,
눈을 동그랗게 더 예쁘게 뜨고 애교를 부립니다.
어찌나 매력적인지!
그래! 그래!
우리 햇살이 산책 나갈까?
푸- 푸-
햇살이와 걷는 산책로에 낙엽이 쌓였습니다.
노랗게, 빨갛게 물든 낙엽 카펫
그 위에서 햇살이는 냄새를 맡습니다.
낙엽 냄새를 맡는 것인지
자기가 오줌 눈 곳을 확인하는 것인지
그것은 모르겠지만 햇살이는 낙엽 위에서
오래오래 떠나지 않습니다.
아!
엄마가 제일 좋아하는 가을입니다.
너무나 짧아서 애틋한….

가을엔 기도하게 하소서

추수가 끝나가는 들녘에 서거나
노을이 지는 강변에서나 폐휴지를 가득 싣고
비틀비틀 걸어가시는 어르신들을 볼 때
그토록 최선을 다 했어도
속수무책으로 일이 해결 안 될 때
그때 기도를 합니다.
햇살이도 기도합니다.
엄마의 가슴앓이가 빨리 낫기를
어려운 일이 해결되어
활짝 웃게 되기를 기도합니다.
또 좋아하는 음식을 자주 먹고
야생화 피는 마을로
자주 산책하게 되기를 기도합니다.

봄, 햇살 그리고 타라 이야기

우리는 다리를 다치고도 꿋꿋하게 걸어 다니는
암코양이에게 타라라는 이름을 지어 주었습니다.
타라는 이름도 없이 떠돌아다니는 길 고양이
그 아이에게는 먹을 것이 없어 떠도는지라
참치에 고양이 사료를 버무려 주는 뜰이
너무나 좋은 모양입니다.
어찌나 애교를 떨며 고마워하는지
눈물이 다 나올 지경입니다.
몸을 부비고, 야옹야옹 눈을 떴다 감았다
웃을 수밖에 없고, 먹이를 챙겨 줄 수밖에 없습니다.
공공의 적이라며 돌멩이를 던지는 남자에게
단호하게 소리쳤습니다.
돌멩이를 던지지 말아요!
이 고양이들이 우리를 해코지하는 게 무엇이라고
'공공의 적'이라 '요물'이라 하느냐고 물었습니다.
그들은 멋쩍어하며 돌아갔습니다.
먹을 것이 없어 쓰레기를 뒤지는 게 그 아이들뿐이 아닙니다.
빈민국 아이들도 먹을 것을 찾아 이것저것 헤집고 다닙니다.
생명(生命)이 있는 한 살아야 하기에 그렇게 하거늘
먹을 것을 주기는커녕 돌을 던지고, 덫을 놓고…
잔인한 사람도 더러더러 있는 세상입니다.
한 달에 10만 원이나 쓰면서 캣맘(Cat mom) 노릇을 하는 여인이 있다는 소식을 듣고 감동했습니다.
툭하면 보톡스를 맞을까? 박피를 할까?
몸매 관리로 XX다이어트니 뭐니…
그렇게 해 봤자 아름답지도 않은데
그 캣맘은 자기에게 쓸 돈을 아껴
길 고양이에게 밥, 물을 주다니!
그런 사람이 몇 백 배 아름답습니다.
아무리 외모가 이력서이고, 신용장인 시대라 하지만
품성이 착한 사람은 더할 나위 없이 아름다운 법입니다.
타라도 그렇게 얘기합니다.
생명을 귀히 여기는 사람이 최고 미인이라고!

오래된 정원

사람들은 대부분 뜰이 있는 집을 원합니다.
꽃나무 목련도 심고, 목백일홍도 심고
아롱다롱 꽃도 보고 싶어 기웃거립니다.
정원이 있는 집 거기에 텃밭이 있는 집을 부러워합니다.
오래된 정원, 30년이 넘은 정원에 배추도 자라고 있고
벼도 자라 익었고, 국화들도 향기를 내뿜고 있습니다.
그 어떤 꽃보다 예쁜 꽃 아이들의 웃음소리
노랫소리 가득한 정원입니다. 유치원입니다.
이런 아이, 저런 아이 환경도, 모습도 다르지만
거의 건강하고, 행복한 꽃들입니다.
요즘 엄마들은 새 정원을 좋아하지만
그래도 깊이 있게, 넓게 보는 엄마들은
오래된 정원에서 전통과 철학을 읽어 냅니다.
유치원 주변에 300살이 넘은 느티나무가 있습니다.
30년 지키기도 힘들었는데
이 오래된 정원이 백세나 먹을 수 있을지…
우리는 너무나 빨리 싫증을 내고
부수고 새로 짓는 특성이 있지 않나 싶습니다.
빈티지를 싫어하는…
30년 동안 떨어뜨린 눈물, 땀방울 그리고
아이들이 남겨 놓고 간 선물이 어우러져 '행복'을 만듭니다.
독일 교육가 프뢰벨이 만든 최초의 독일 유치원.

어린이의 정원이라는 뜻을 가진 kindergarten.
아이들은 놀이를 통해
인간의 본성을 신장시킨다고 여겼습니다.
그 후 마리아 몬테소리는 이태리 로마 근처 빈민 지역에
카사테 밤비니(casadei bambini)라는 유치원을 세웠습니다.
30년 된 오래된 정원에서 하늘을 올려다봅니다.
새들이 날아가고 있습니다.
우리 아이들도 어느 날 어른이 되어
유치원에서 배운 살아가는 방법으로 우아하게 남아
세상을 아름답게 하는 사람으로 살아갈 것입니다.
그렇게 믿으며 오래된 정원을 지키고 있습니다.

상처 많은 꽃잎들이 가장 향기롭다

내 가슴을 누군가 열어 보면
상처투성이라고 친구가 말합니다.
누구에게나 삶은 상처를 주고
봉합하고 나면 또 하나의 흉터가 남고…
그 누구의 가슴에도 상처 없는 인생은 없습니다.
제가 사랑하는 50대 후반의 여성이
남편으로부터 지독한 상처를 받았습니다.
그 누가 봐도 어질고, 재색(才色)을 겸비한
연예인인 그 여성은 그 남편과 다른 여성을
용서하고 기다리고 있습니다.
지고지순(至高至純)한 사랑입니다.
누군가 어리석다 음성을 높여도 그 여성은
변함없는 사랑으로 자기 자존심을 지켜 가는 중입니다.
요즘 그 여성을 보면 향기가 납니다.
오늘 입은 상처가 내일 나의 향기가 될 수 있음을
그 여성을 보며 깨닫습니다.
그 여성을 향기 있게 한 여자는 아마도
훗날 추한 모습으로 향수 가게를 기웃거릴지도 모르겠습니다.
인품의 향기는 상처에서 연기처럼 피어오르는데…
향수를 뿌려도 남에게 불행을 안겨 준
악한 사람에게서는
혐오스러운 냄새가 날 뿐입니다.

첫눈이 내릴 때

첫눈이 내리면 만나자던 친구가 하늘나라로 가고…
첫눈이 꿈결처럼 내리는데 함께 사는 강아지 좋아라
밖에 나가자고 재롱을 떱니다.
눈이 많이 쌓이면 미끄러울 텐데…
운전하기가 두렵고, 걷기도 조심스러운데…
하염없이 첫눈은 내리고
자식들 때문에 더 외로우실 부모님께 전화를 걸었습니다.
그래! 눈이 내리는구나.
너 결혼하던 날도 함박눈이 펑펑 내렸는데…
어머니가 살아 계신 것만도 큰 축복이라며
햇살이와 산책길에 나섭니다.
햇살이는 좋아서 앞장서 달려갑니다.

* 「상처 많은 꽃잎들이 가장 향기롭다」(연인M&B, 2014) 짧은 글 긴 감동 중에서

4부

이제야 비로소 날개를 얻다

차(茶)를 마실 때

물을 끓이고 마음에 드는 흰 도자기 잔에 찻물을 붓고 녹차를 넣고 푸르스름한 물이 되는 모양을 지켜보다가 식기 전에 재빨리 마시노라면 산속의 솔바람 소리, 대나무들의 사각거리는 소리, 솔내음, 풀내음이 내 입가에 번지는 듯해서 마음이 깨끗해지는 느낌이 든다.

살아가면서 매일매일 쌓이는 감정의 쓰레기들. 그것들이 어디론가 사라지고 마알간 내 영혼은 그저 무심한 소녀로 돌아간 듯하다.

한 모금 한 모금 차를 마시노라면 소리치고 뛰어가며, 열심히 살겠다고 바둥대던 내가 우습게 느껴지고 나보다 많이 앞서 간 친구가 부럽지도 않다.

다만 건강하게 살아 있음을 감사할 뿐….

위에 부담을 준다는 말에 요즘은 될수록 커피를 삼가고 녹차를 마신다. 커피를 마실 때는 알 수 없는 그리움이 더욱 짙어지고 서러움이 차올라 눈물이 많아지기도 했었는데 녹차를 마시면 그리움은 그리움대로 서러움은 서러움대로 그냥 조용조용 찰랑댈 뿐 넘쳐흐르지는 않는다.

씁쓸한 맛을 음미하면서 겉으로 드러내는 삶보다 안으로 안으로 삭이며 사는 것도 괜찮다며 나를 다독거린다.

억울하고 서러워서 어느 땐 일상을 훌쩍 뛰어넘어 어디론가 홀홀이 떠나고 싶지만 그대로 제자리 지키며 살아온 내가 옳았음을 각성하게 되는 시간. 차를 마시며 나는 어느 누구한테도 얻지 못하는 마음의 안정을 얻는다.

그레샴의 법칙

나는 경제에도 밝지 못하다.//
그러나 '악화가 양화를 구축한다.'는 그레샴의 법칙은 알고 있다.
더더욱이 선하게 살려는 사람, 순수한 사람들이 악랄하고 몰인정한 사람들에게 짓밟히고 배신당하고 이용당하는 것을 가끔 보아 왔다.
'선한 끝은 있어도 악한 끝은 없다.'는 옛 말이 이제는 별로 맞지 않는 듯 남은 몰라라 하고 나만 잘 살면 된다는 사람들이 떵떵거리고 행세하며 살고, 지킬 것 지키고 가린 것 가리고 베풀며 살려는 사람들은 늘 그 타령인 것을 볼 때는 분노까지 치민다.
법이란 거미줄과 같아서 하루살이들만 걸린다는 말도 있지만 교묘하게 법망을 피해 떼돈 버는 사람들.
그 사람들 눈에는 한 푼 두 푼 절약해서 저축해서 좀 더 나은 내일을 가꾸려는 사람들이 우스운 꼬락서니로 보일까. 요령 없고 세상 물정 모르는 사람들은 뒤처지는 세상.
악화가 양화를 구축한다는 말이 이 구석 저 구석 적용되지 않는 곳이 없는 듯하다.
착하고 순수한 사람.
성실한 사람이 앞서가고 인정받는 사회가 바람직할 텐데, 살맛 나는 세상일 텐데, 아직은 내 주변이 그렇지 않은 것 같다. 내가 비비꼬인 시선으로 보고 있는 것인지, 원.

혼자 있는 시간

　식구들이 모두 잠들고 혼자 살금살금 내 방으로 와서 통나무 책상 앞에 앉으면 나는 너무 좋아 무엇부터 할지 몰라 망설인다.
　어미 노릇, 아내 노릇, 그리고 이웃 노릇, 상담자 노릇, XX 노릇 모두 내팽개치고 나 자신만 생각할 수 있는 시간, 사위는 고요하기만 하고 뒷산 어디쯤에선가 산새 우는 소리 들린다.
　나는 내 좁은 방에서 철저하게 나 혼자만의 시간을 누린다. 옛날 편지도 꺼내 읽어 보고 앨범도 뒤적이고 읽고 읽은 시집도 다시 펼쳐 보고 이제는 세월이 흘러 뜸해진 그리운 이에게 긴 편지를 써 보기도 한다.
　여러 사람들 속에 섞여 있으면 왠지 할 말을 잃게 되고 얘기를 듣기만 하는 쪽이다. 듣는 것도 건성. 나 혼자만의 생각에 빠지는 것이다. 그러니까 남들이 보면 산에서 옮겨 와 뜰에 심은 작은 소나무처럼 어색해 보이고 불편한 존재로 느껴지는 게 당연할 것이다. 그래서 난 남들과 어우러져 얘기꽃을 피우기보다 혼자 있는 것을 편안하게 생각했다. 혼자를 즐겼다고나 할까.
　학창 시절엔 혼자 있는 내게 남학생들이 눈에 띄기 위한 작전(?)이 아니냐고 했지만 천만에 말씀. 나는 내가 타인들 속에 끼면 나로 인해 좌중이 불편해지므로 혼자로 견디는 것이다.
　혼자에 길들여지다 보니 나는 속으로 강해져서 농도 짙은 고독을 혼자 견디고 생활에는 어떤 영향도 없도록 주의한다. 어차피 우리 인간은 철저하게 혼자인 것을 왜 그리들 부비며 살아가고 싶어 하는지 모르겠다고 속으로 군시렁거리며, 혼자 차 마시고 혼자 거닐고 혼자 슬픔을 잠재우며 살아왔다.

　그러나 나이가 바로 눈앞에 40이니 이제는 따스한 손이 그립고 온화한 눈빛이 그립다. 좋은 친구와 함께 차 마시고 싶고, 함께 여행하고 싶고, 함께 거닐고 싶다.

　하지만 사람과의 인연은 늘 이별이 뒤따르고 배신이 앞서가니 망설여지고, 차라리 나무를 가꾸고 강아지랑 새들에게 애정을 쏟고 살아야 할까 보다.

　이 시간, 내게 붙어 다니는 모든 '노릇'이라는 명찰을 떼고 완전한 나로 돌아가 그리워도 할 수 있고 미워도 할 수 있고 용서도 할 수 있으므로 난 아직도 혼자 있는 시간이 좋다.

옛 사진

무료할 때 앨범을 뒤적이고 있노라면 재미있다.

젊은 시절, 행복했던 시절, 불행했던 시절, 그때마다 달라진 얼굴. 20대의 오동통한 얼굴, 날씬한 몸매가 30대엔 볼이 홀쭉 야위고 광대뼈가 툭 불거져 나오고, 그리고 몸매는 훨씬 굵어져 있다. 사진 속에는 사랑했던 얼굴도 있고 지독하게 미워했던 얼굴도 있다. 도저히 용서할 수 없을 것 같던 얼굴, 용케도 찢지 않고 끼워 둔 사진이 있다.

결혼하던 날.

첫 남자의 사진, 편지 등을 태워 버린 친정어머니를 현명했다기보다 성급했고 지나친 결벽증이라고 원망한다. 왜냐하면 내게 있어 20대의 유산이었으므로. 열심히 성실하게 살아가다가 아, 내가 왜 이 자리에 있을까. 왜 이런 길로 들어섰을까. 텅 빈 가슴에 회오리바람이 불어올 때 내게도 그토록 아름다운 계절이 있었는데 하는 생각이 들며 그때마다 옛 시절 편지나 사진이 있다면 새롭게 나를 충전하고 가다듬을 수 있을 텐데, 딸의 의사는 묻지도 않고 그 소중한 추억들을 태워 버린 어머니가 원망스러워진다.

옛 친구의 사진이나 편지가 어찌 부도덕한 과거일 수 있는가.

옛 친구의 사진이나 편지 등 추억의 부스러기를 지니고 있다는 게 비도덕적일 수도 없다. 그건 이제는 잃어버린 지난날을 안쓰럽게 뒤돌아보는 한 여인네의 아름다운 기억에 지나지 않는다.

생활이라는 바람에 자꾸만 풍화되어 갈 때, 생활이라는 잔인한 폭력 앞에 흐트러져 갈 때, 나를 가다듬을 수 있는 건 미혼 시절의 추억이 아닐까.

한 얼굴인데도 왜 이리 다른가. 이력서에 붙이려고 급히 찍은 사진, 주민등록증에 붙인 사진, 비자를 발급 받으려고 찍은 사진. 죽 늘어놓고 보면 확실히 20대보다 청순한 기가 없고 모든 것에 루즈해지고 세월과 타협하는 모습이다.

옛 앨범을 뒤적이면서 조금은 행복하고 조금은 불행하고 조금은 담담한 내 모습을 보면서, 친구들 사진을 보면서 회억하는 맛을 어디에 비할 것인가.

목소리

전화 벨이 울린다.

누굴까? 가슴 두근대며 수화기를 든다. 울림 좋은 목소리, 왠지 정감이 깃든 목소리다.

기분이 좋다.

그런가 하면 묘하게 소리가 나고 카랑한 목소리를 들으면 기분이 좋지 않고 긴장이 된다.

목소리가 마음을 흔드는 까닭은 무엇일까.

어떤 사람은 목소리만 듣고도 그 사람의 운명을 점칠 수 있다니 신기하다. 그분은 함께 모일 때마다 목소리 철학을 펴신다.

누구는 우는 목소리를 가져서 팔자가 안 좋고 누구는 허스키라 어떻고….

아무튼 목소리만 듣고도 반하는 경우가 드물지 않은 것을 보면 목소리의 호소력은 대단한가 보다.

목소리만으로 인물의 성격을 나타내는 직업도 있고 전화번호나 기타 안내를 하는 직업도 있다.

아름다운 목소리는 타고나기도 하겠지만 다듬어지기도 한다.

옛 동료가 전화했다가 놀란다. 목소리가 많이 변해서 아닌 줄 알았다고. 방송계를 떠난 지 5년.

마이크를 의식하고 청취자를 의식할 땐 최선을 다해 다듬어진 목소리로 언어를 운전했지만 이제는 의식하지 않고 어느 땐 과속으로, 어느 땐 슬픔이 배어 나오는 그대로 내기 때문에 변한 목소리라고 하나 보다.

아무튼 나는, 외모가 그리고 인격이 아무리 마음에 드는 타입이라고 해도 목소리가 마음을 울리지 않으면 사람 전체를 싫어한다.

따스한 목소리.

진실이 배어 나오는 세련된 말투라면 매력적이리라.

소리만 아름답고 외모는 아름답지 않은 사람이 의외로 많은 것을 보면 골고루 다 갖춘 사람은 드문가 보다. 하긴 목소리만 아름다우면 무얼하나.

비록 목소리는 나빠도 진실만을 말하고 사랑만을 말한다면 사람의 마음을 움직이기에 족하지 않을까.

꼬마 시인들

버스를 타고 하는 외출이 즐겁다.
오늘은 참 흐뭇한 날. 마음 부푼 날이었다.
뒤에 앉은 젊은 어머니와 너댓 살짜리 남자아이. 그리고 세 살쯤 돼 보이는 여자아이의 얘기 소리가 어느 음악보다 마음을 맑게 해 준다.
"엄마, 저건 경찰집이지?"
"아니, 경찰집이 아니라 경찰서야."
"경찰서?"
"응."
"그럼, 저건 경찰차지?"
"응."
"엄마, 저 할머니는 눈에도 빨간 물감 칠했어?"
저쪽 편에 앉아 계신 할머니의 빨갛게 충혈된 눈을 보며 묻는 아이 때문에 난 그만 소리내어 웃었다.
오빠가 한마디 하면 동생 아이도 따라 하고.
젊은 엄마는 참으로 행복해 보였다.
"엄마, 이 버스는 얌전하다. 빽빽거리지도 않고 조용히 간다. 그렇지? 버스 아저씨도 얌전하다. 그치?"
기사 아저씨도 웃고 차 안의 승객 모두 유쾌하게 웃었다.
"엄마! 웃으면 복이 오지?"
어쩌면 저리도 맑은 목소리를 내는 것일까.
고상한 미개인이라는 아이들.

그 아이들은 모두 시인이라는 생각을 하면서 버스에서 내려 그 젊은 엄마와 꼬마 시인들에게 손을 흔들었다.
엄마와 달리 눈이 자그마한 두 꼬마가 앙증스럽게 손을 흔든다.
주님!
당신이 살아 계시다는 것을 증명하기 위해 저 아이들은 태어났나 봅니다.
오늘은 그 아이들 때문에 행복했다.

사랑의 뜨개질

아침 세수를 하고 얼굴에 레몬 향의 로션을 바르다가 텔리비전에 비친 화장 안 한 듯 순박해 보이는 여인의 얼굴을 보고 그만 모든 일을 멈추고 화면만 쳐다보게 되었다.
리포터가 사랑의 뜨개질을 하고 있는 많은 주부들을 만나 보고 그들의 얘기를 듣고 있다.
어떤 부인이 울고 있다.
자기 남편이 부모 없이 자랐기에 고아들을 입히기 위해 한 바늘 한 바늘 뜨고 있는 이 사랑의 뜨개질이 남다른 감회를 준다고 했다.
남편도 잘살게 되면 고아들을 돕는 게 꿈이라고 하지만 아직도 근근히 살고 있다는 것이다.
행복한 미소를 띄고 부지런히 뜨개질을 하고 있는 여인들.
사랑의 뜨개질을 처음 시작했다는 서풍자 씨는 내 아이만 따듯한 옷 떠 입히는 게 미안해서 부모 없는 아이들의 옷을 뜨기 시작했고 지금은 어머니들의 반응이 좋아 1년에 2,000벌의 옷을 만들어 각 고아원에 보낸다고 했다.
어쩌면!
나는 내 자식에게조차 스웨터 한 벌 안 떠 입히는데 저분들은 정말 사랑이 무엇인가를 아는, 실천하는 여인들이로구나.
참 신앙인이구나! 하는 생각이 들면서 눈물이 핑 돈다.
내 자식, 내 가정만 잘 돌봐 주시라고 기도하는 교회인들도 적지 않은데 저 여인들은 부모 없는 외로운 아이들의 가슴에 사랑을 심고 있으니 얼마나 행복한 사람들인가.

오손도손 모여 앉아 찬송가도 부르면서 얘기꽃도 피우면서 아이들을 따스하게 감싸 줄 털 스웨터, 여름옷을 짜고 있는 여인들.

어떤 명화보다도 내 가슴을 치는 화면이었다.

어머니들 모두가 내 아이만 사랑하고 가르치는 게 아니라 남의 아이까지 사랑한다면 불량 청소년은 생기지 않으리라 믿는다.

외로워서, 소외감이 짙어서 사회의 냉대가 서러워서 범죄를 저지르는 청년들은 없으리라 믿는다.

오늘 아침, 내가 눈물을 흘린 까닭은 슬퍼서가 아닌 감격적이고 가슴 흐뭇해서였으므로 기분이 무척 상쾌하다. 가볍고 가볍다.

아! 아름다운 여인들.

하루의 행복

　마음이 끝간 데 없이 울적할 그때는 음악을 듣거나 목욕탕으로 간다.
　가서 뜨거운 물에 몸을 담그고 있으면 이것저것 헝클어진 실뭉치 같던 내 머리가 서서히 정돈되고 나는 새로 태어나 더욱 열심히 살아야겠다는 다짐을 속으로 한다.
　열심히 살아온 먼지들을 씻고 있는 모습이 진지하다.
　몸에 묻어 때가 되어 버린 먼지까지 벗겨 씻어 내고 맑은 몸과 마음으로 돌아가는 사람들.
　나는 살아가면서 묻힌 영혼의 때는 주일마다 교회에서 씻어 내고 목욕탕에서 육신의 때를 미는 사람들 속에 끼어서 우울의 때까지 씻어 낸다.
　그런데 아이들 우는 소리. 엄마들의 나무라는 소리. 물 끼얹는 소리. 그런 소리 속에서 까르르 웃는 소리를 듣고 그쪽을 쳐다본다.
　쪼글쪼글 늙으신 어머니를 눕혀 놓고 세 딸들이 때를 밀고 있다.
　팔 하나씩, 다리 하나씩을 맡아 열심히 어머니의 때를 미는 세 딸들의 얼굴은 너무나 어머니를 닮았다. 예쁘다.
　그 모습을 보면서 나는 어머니와 함께 목욕을 한 지가 언제던가? 나 살기만 숨가빠 하지 않았나. 죄책감이 솟구치고 그네 모녀들의 모습이 너무나 아름답다고 생각했다.
　아들보다 잔정이 많은 딸들. 저 나이에 세 딸을 낳으시고 저분은 아마도 기쁨보다 서운함을 더 느꼈으리라.
　그러나 다 성장한 예쁜 세 딸과 육신의 때를 벗기면서 흐뭇한 표정으로 누워 있는 늙은 어머니.

내가 눈을 마주치며 웃으니까 그분도 웃으신다.

'행복하시겠어요.'

'야, 행복해유.'

늙으시고 아직도 시골 냄새 가시지 않으신 어머니를 세 딸은 서로 때 밀어 드리며 즐거워한다.

나는 우울의 때를 밀며, 머리를 감으며 단 하루라도 행복하고자 찾아온 대중목욕탕에서 한 폭의 명화를 본 듯 흐뭇하다.

세 딸과 어머니.

나는 상쾌한 바람을 맞으며 그네 모녀가 항상 행복하기를 진심으로 간절히 빌었다. 어느 토요일의 일이다.

오월

1년 중 아프고 불안하고 슬프고 밉고 서운하고 그런 감정들 때문에 우울했던 날들을 모아 본다면 내게는 아마 4, 5개월은 될 것이다. 그리고 나머지는 그렇고 그런 날들. 잔뜩 흐리지도 맑지도 않은 날들을 모아 본다면 4개월. 그리고 나머지는 살아 있다는 사실이 고맙고 그저 감사하고 싶은 날들일 테니 약 4개월은 그야말로 신선한 감성과 촉각으로 살게 되나 보다. 아침에 일어나 커튼을 열면 하나 가득 들어오는 햇살. 그것 하나만으로도 그날은 행복할 수 있다.

먼 데서 그리운 사람의 소식이 날아올 때도, 다정한 친구들과 차 마시며 얘기 나눌 때도 아, 산다는 것은 역시 축복이구나! 했다.

4계절 중 가장 일의 능률이 오르고 피부에, 마음에 윤기가 도는 때가 내게는 오월이다.

앵두의 달. 금방 세수하고 나온 소녀처럼 청신한 달, 오월.

뽐내듯 흐드러지게 피던 꽃잎들도 떨어지고 푸르른 잎들이 밝은 햇살 아래 하늘거리는 달.

그 오월에는 하얀 옷만, 하얀 구두만 입고 신고 싶어지고 내게 마지막이 될 사랑이라도 때묻지 않은 마음으로 시작하고 싶어진다.

오월에는 그리운 이 만나서 나이도 잊고 참으로 아름다웠던 시절을 리와인드시켜 보고 싶다.

어디론가 일상을 뒤로하고 홀홀이 떠났다 오고 싶은 달, 오월.

오월에는 나이도 잊고 모든 것을 새로 시작하고 싶어진다.

뒤돌아보면 그동안 뚜렷한 전기는 으레 오월에 있었다.

직장에 처음에 들어간 달도 오월.

처음으로 사랑을 하던 날도 오월 어느 날.

오월에는 정말 가계부도 행주치마도 내팽개치고 하나의 여자로만 살고 싶어진다.

빠알간 앵두 주스라도 만들어 친구들을 불러 함께 생의 찬가라도 나직이 불러 볼까.

오월엔 정말 산다는 것이, 살아 있다는 것이 한없이 기쁘게 느껴진다.

세상에 둘도 없는 명화(名畵)·명곡(名曲)

길고 가느다랗고 날씬한 다리. 그리고 약간 세모난 작은 눈.
나부죽하고 약간 위로 치켜 올라간 코, 얇은 입술. 언제나 세련된 옷차림, 긴 머리. 샘도 많고 인정도 많아 공부도 잘하고 친구도 많은 여자아이가 갓 낳았을 땐 너무나 안 예뻐 욕심 많은 어미를 실망시킨 내 딸이다.

언제나 엄마 마음 헤아리고 무용도 잘하고 피아노도 잘 치고 글짓기도 잘하는 그러나 고집이 약간 세고 편식해서 미운 내 단 하나의 딸이다.

어디를 가도 함께 가는 내 아이.

연극 구경도 나와 함께 곧잘 가고 나 혼자 가기 곤란한 자리엔 꼭 동행하는 내 아이.

엄마가 늘 공부하고 열심히 일하고 편지도 자주 쓰고 멋진 친구와 차도 마시고 여행도 자주 해서 진짜 아름다운 할머니가 되길 바란다는 아이 같지 않은 아이.

그 아이는 틈만 나면 안아 달라고 달려온다.

엄마와 아빠의 분쟁에서 언제나 중립을 지키는 아이. 그 아이는 옷 입는 감각도 대단하고 사람 보는 눈도 나와 흡사해서 그 애 아빠의 말로는 내가 그 아이를 자꾸만 제2의 나로 만들어 간단다?

그 아이는 너무나 자기 아빠의 눈을 닮았다. 그들 부녀가 함께 있으면 난 웃음을 터뜨리고 만다.

작고 세모난 네 개의 눈이 어쩌면 그렇게 우스운지!

그러나 팔다리는 나를 닮았으니 얼마나 다행인가.

내가 좋아하는 의사 선생님을 그 애도 좋아하고 내가 싫어하는 수

다쟁이 여자를 그 아이도 싫어한다. 자꾸만 내 분위기를 닮아 가는 아이. 너무나 친가 쪽을 닮았다고 이모들은 웃고 야단들이었는데 크면서부터는 엄마 분위기를 많이 닮았다고 놀란다. 키우는 사람의 영향이 그만큼 크다는 얘기겠지.

나는 그 아이의 공부보다 내가 더 성장하고 싶고(그 아이는 앞으로 시간이 많으니까. 나는 시간이 없고) 다른 엄마들처럼 높은 교육열도 없이 아프다면 학교 가지 말라고 하고, 먹고 싶다면 사탕도 사 주고, 가고 싶다면 극장에도 데리고 가고 그렇게 키우고 있다.

온통 자식에게만 모든 것을 쏟고 부으며 자식 위주로 하루의 사이클을 맞추는 엄마들이 대부분인데 나는 그렇지 못하다.

틈만 나면 어디론가 유학 갈 꿈이나 꾸고 잃어버린 날개가 다시 생겨나지 않을까 기대하는 나는 F학점 어미임에 틀림없다. 그러나 단 하나의 딸을 과잉보호하고 과잉 헌신은 하지 않아도 아이는 누구보다 총명하고 예쁘게, 가엾은 사람을 보면 불쌍하다면서 눈물을 글썽이는 착한 심성을 기르고 있으니, 아이는 내게 둘도 없는 보석이 아닐까. 나이 40이 다 되어 가도록 반지 하나 없는 내게 그 어떤 보석보다 영롱하고 아름다운 내 보석.

가슴에 안고 있으면 온갖 서러움 사라지고 좀 더 열심히 살아야겠다는 의지가 다져지고 버스 속에서나 거리에서나 나를 향해 웃는 모습을 보면 '아, 하느님 감사합니다.' 하는 감사 기도가 절로 나온다. 열 아들 안 부러운 여자라는 것을 늘 자랑스럽게 여기며 산다. 죽는 날까지 탄소의 동소체라는 다이아몬드 하나 안 가질 것은(못 갖는 것은 결코 아니다) 확실한 내 의지고 비싼 옷도 턱 사고 비싼 보석도 예사로 지니고 다니는 친구가 사실 난 티끌만큼도, 겨자씨만큼도 부럽지 않다.

내게는 귀엽고 많은 가능성을 지닌 딸이 있으므로.

그림 솜씨 썩 좋지 않은 내가 만든 작품, 딸.

그 아이는 세상에 둘도 없는 보석이고 명화이다.

그 그림에 얼룩이 지지 않게 우리 어른들은 정말 곧고 맑고 바르게 살아야겠다는 생각을 항상 가져야겠지.

아이들. 신이 죽지 않았다는 것을 증명하기 위해 태어난다는 아이들. 그 아이들은 모두 세상에 둘도 없는 명화이고 보물이고 명곡이 아닐까?

청년은 약간 불안하고 중년은 교활(?)하고 노년은 안쓰럽고….

그래서 난 맑은 음악 같고 좋은 그림 같은 아이들이 좋다.

아, 세상에 둘도 없는 명화가 뜰에서 강아지와 뛰노는 소리가 나를 행복하게 한다. 낳은 지 백일도 안 된 옆집 아기의 울음소리가 나를 흐뭇하게 하는 장미 만발한 오후여!

언제 봐도 싫증 나지 않는 명화 같고 언제 들어도 가슴을 흔드는 명곡 같은 아이들.

난 딸 하나밖에 낳지 않았지만 아이들을 보면 모두 다 내 아이처럼 느껴진다.

언제나 잘 웃는 은비, 언제나 잘 먹는 선미, 여자 친구 잘 때리는 영환이, 을수, 모두 내게는 둘도 없는 명화이고 명곡인 것을!

그래서 나는 행복하여라.

* 「혼자 있는 시간」(친우, 1986) 에세이 중에서

겨울 바다

몸의 때야 목욕탕에 가면 되지만 마음에 먼지가 가득 앉아 있을 때 그런 때는 음악을 듣거나 커피를 마시거나 혼자 가까운 곳으로 열차 여행을 하거나 하는데 한 해가 저무는 연말쯤 되면 왠지 먼 데 사는 친구 소식이 궁금하고 이제는 잃어버린 시간들이 안타깝고 인생 설계도를 다시 꺼내어 살펴보고 새해에는 어떤 일들이 닥쳐올 것인가 궁금해지기도 하다가 훌쩍 두 시간 거리에 있는 바다를 찾아간다.

사노라 쌓인 울분, 서러움, 피로, 빛바랜 꿈.

그런 것들을 가득 안고 겨울 바다를 찾아간다.

철썩이는 파도 소리.

울며 날으는 물새.

그런 것을 들으며 바닷가를 걷노라면 네 설움, 네 아픔, 내가 다 안다.

가지고 온 너의 온갖 시름 다 내게 던지고 가라고 바다는 말하는 듯하다.

그래!

나만 서러운 것도 나만 아픈 것도 아니다.

세상 사람 모두 다 그러한데 유독 나만 더 가슴 아파하고 눈물 흘려서야 되겠는가.

가자!

다시 삶의 현장으로, 전장으로.

나는 바다에게 온갖 아픔, 서러움 풀어 풀어 안겨 주고 바다 내음새를 풍기며 다시 생활을 향해 나아간다.

겨울 바다의 격려를 받으며.

중년

　이제는 거울이 두렵다.
　우는 모습도, 웃는 모습도 거울 속에 비친 나를 확인하고 싶지 않다.
　이제는 야속함, 미움, 분노의 쇠사슬에 휘감겼다가도 금세 삼손처럼 힘을 내 품을 수 있고 그리움의 샘도 거의 바닥나 버렸다.
　문득 쇼윈도우에 낯선 모습.
　아, 어느 날이던가.
　마셔도 마셔도 목이 마르고 좋은 음악을 듣고 들어도 채워지지 않던 영혼의 공복감.
　스쳐 지나가는 바람결도 부여잡고만 싶던 시절, 그 목마르던 계절.
　사랑이 무엇인지도 모르면서 끌려다니고, 끌고 다니고, 만나고, 헤어지고….
　도무지 암울하기만 하던, 그 한 마리 사슴 같던 계절은 이제 가 버리고 생활의, 체념의 먼지가 여기저기 묻어 있는 슬픈 40대.
　어느 날.
　하행열차를 타고 달려가는데 흙 위에 뒹굴고 있는 수박, 참외.
　덩굴을 걷어 버리고 수박, 참외는 그냥 밭에 굴러다니고 있는 정경이 눈에 들어왔다.
　이제 저 수박은 썩어 흙에 스미어 거름이 될 것이다.
　나도 저렇게 덩굴 걷어 버릴 존잰가, 생각하며 갔다.
　이제는 그리움 때문에 서성이지도 않고 미움 때문에 가슴 아려 하지도 않는다.
　그저 담담히 걷다가 들려오는 음악이 가슴에 파고들어 둔한 아픔을 줄 뿐이다.
　이제는 지나쳐 온 세월이 길고 가야 할 세월이 짧은 중년.

어쩌면 우연히도 만나지지 않는 옛 얼굴.

어쩌면 아직도 그가 나를 기억하고 있을지도 모른다는 생각에 눈물이 솟구치고 이렇게 엇갈려 평생을 겉돌다가 끝내 한번 만나지도 못하고 이승을 뜰지도 모르겠다는 생각이 전율을 느끼는 나이 40대.

이제는 누군가 날개옷을 준다 해도 승천할 수 없는, 수분 적어져 가는 나이. 이제는 그 누구도 생활의 늪 속에서 나를 건져 올릴 수 없고 내 볼에 발그레한 홍조를 띠게 할 수는 없다.

가끔은 대상도 분명치 않은 분노와 증오가 치밀어 오르지만 삶의 고빗길 굽이. 낙타처럼 걸어온 것도, 사랑하는 사람 잃어버린 것도, 승천하지 못하고 참으로 초라하게 삶의 육지에 남아 있는 것도 모두 다 내 탓이라는 조용한 승복이 이제야 왔다.

사랑할 사람도, 부여잡을 욕망도 없이 그저 담담히 살 수 있다는 이 눈물겨운 사실이 나는 오히려 고맙다.

천여 평의 밭을 일구며 밤에는 호롱불 밑에서 부칠 수 없는 편지를 써 보는 중년.

인간에게 기대할 것이 무엇이고 이 인생살이 뭐 그리 소중한 것 있느냐며 쉬엄쉬엄 걸어갈 수 있는 나이.

이제는 황홀한 장미나 칸나가 아니라 겸허하고 낮은 자세로 고개 숙이고 있는 늦여름 해바라기 같은 중년.

이 중년에 그래도 나는 보고 싶은 사람, 그리운 이름. 붓 뚜껑에 목화씨 숨겨 오듯 가슴속에 늘 숨겨 놓고 있다.

그리운 이름 하나.

노년에나 지워질까?

아름다운 여자

우리는, 특히 여자들은 얼마나 아름답다는 말에 연연해하는가.
5, 60대 여인들도 아름답다는 찬사 앞에서는 소녀 같아진다.
'예쁘다.'
'아름답다.'
예쁘다는 말은 왠지 가벼운 느낌이 들고 아름답다는 내외로 기품 있게 고운 느낌을 준다.

얼굴만 예쁜 것으로 평생 집착하고 사는 여자도 보았다.
'예쁘다.'라고 하면 금세 희색이 가득해진다.
그녀는 자기 얼굴만 들여다보느라 세상 보는 안목, 사람 보는 안목은 전혀 관심도 안 갖고 있어 약간 천박한 분위기를 갖고 있었다.
어떤 고난에도 쉽게 자기 꿈을 포기하지 않고 꿋꿋하게 걸어가는 여자.
나이에 집착하지 않고 늘 공부하는 여자.
목욕탕에서 우유를 처바르고 계란을 바르고 하며 젊음만을 지키려고 노력하지는 않는 여자.
당당하게 늙음을 받아들이고 수긍하는 여자.
부당한 일을 당하고 그냥 우물우물 참는 게 아니라 조리 있게 따지고 들 수 있는 총명한 여자.
가끔은 하행열차도, 상행열차도 목적 없이 타 보는 여자.
여자한테는 엄격하고 남자 앞에서는 한없이 어리광을 피우고 헐렁헐렁해지는 여자가 아닌 여자.
적어도 '봉사'라는 단어의 진정한 뜻이 무엇인가 생각하며 사는 여자.

가끔은 남편이나 애인, 자식도 타인으로 놓고 무심히 볼 수 있는 여자.

자기 집안보다 거리의 쓰레기를 무심히 보지 않고 비로 쓰는 여자.

온실에서 키워 낸 꽃보다 들꽃이 얼마나 좋으냐며 뜰에다 민들레 며 엉겅퀴를 가꾸는 여자.

그 무엇보다 자기를 지킬 줄 알고 자기가 서 있는 자리를 분명히 아는 여자.

자기 인생의 주역은 바로 자기라며 운명 탓만은 아니하는 여자.

이런 여자는 나이에 관계없이 아름답다.

앞에서 웃고 뒤에 가서 손가락질하는 여자. 늘 불만으로 가득차 있는 여자. 너무나 생활에만 매여 있는 여자. 손해는 단 한 번도 볼 수 없다는 여자.

신문 한 장도 제대로 읽지 않는 여자. 하루에도 몇 번씩 말로 죄를 짓는 여자.

교회는 열심히 다니면서 늘 수다스럽고 게으르고 교양 없는 천박 스러운 여자. 오로지 자기 남편, 자기 자식만 소중하고 그밖에는 눈에 안 들어오는 여자. 슬리퍼 직직 끌고 다니며 이웃 험담만 늘어놓는 여자.

이런 여자는 아무리 이목구비가 수려해도 아름답지 않다.

예쁜 여자보다 아름다운 여자가 더 많아야 성숙한 사회 아닐까.

요즘 세상에는 무섭도록 똑똑하고 영악한 여자는 많아도 아름다운 여자는 드물다고 한다.

나의 40대

어떤 사람은 자기에게만은 40대가 오지 않으리라 생각했었다지만 나는 참으로 하루 빨리 40대에 올라서길 기다려 왔다.
그리움도 바닥나 버리고 어떤 기다림도 이제 끝내 버리고 모든 감성이 씻겨 버리고 무디고 무딘 여자로, 편해지고 싶어 40대를 기다려 왔었다.
이것은 좋고 저것은 싫어!가 아니라 이것도 좋고 저것 또한 괜찮아! 할 수 있는 나이.
얼굴에 고운 주름 잡히고 몸매도 균형이 허물어지는 무서운(?) 40대.
그 무엇보다 늘 찰랑대는 그리움의 샘 바닥나 버리라고 빌며 기다려온 40대.
이제 나는 얼굴도 잘 붉히지 않게 되었고 타이트한 옷은 입지 않고 헐렁헐렁 편한 옷만 찾게 되었고 웬만한 일에는 기뻐하지도, 슬퍼하지도 않게 되었다.
아직도 만나고 싶은 사람.
이루고 싶은 일 있기야 있지만 간절하지는 않고 다만 우연히 해후하게 되기를 바라게 되었다. 우연히!

마흔 다섯은
귀신이 와 서는 것이
보이는 나이
참대밭 같이
참대밭 같이

겨울 마늘 냄새를
풍기며
처녀귀신들이
돌아와 서는 것이
보이는 나이
귀신을 기를 만큼
지긋하지는 못해도
처녀귀신 하고도
상면은 되는 나이.

　서정주 선생의 〈마흔다섯 살〉이라는 시다.
　아직 마흔다섯은 안 되었지만 이제는 그 어떤 자극에도 별로 놀라거나 야속해하거나 하지 않는 40대.
　여기까지 달려온 내가 자못 대견스럽다.
　남들은 늙는 게 두려워 참으로 노력들을 많이 하는데 나는 늙는 게 좋으니 어쩌랴.
　굽 낮은 구두 신고, 노리끼리 삭막한 얼굴을 하고, 조금은 그리움이 남아 있는 눈빛으로 낙타처럼 타박타박 걸어가는 나의 40대 계단.
　나는 체중조절하랴, 피부관리하랴, 늙음을 막는 방파제를 부지런히 쌓는 여자들이 별로 부럽지 않다.
　관심도 없다.
　누가 무어라든 나는 내 길을 타박타박 조용히 걷는다.

아름다운 남자

땀흘리며 일하는 남자들, 그들이 비록 학력이 낮다 해도 아름답다.
자기 일에 확신을 갖고 최선을 다하는 남자만큼 아름다운 것이 또 있을까.
아이에게 젖을 물리고 있는 여자.
바느질을 하고 있는 여자가 아름답다면 남자는 어느 순간 아름다운가?
겸손한 남자의 웃음소리. 아내나 연인의 실수를 포용하는 너그러움.
몇 시간이고 기다릴 줄 알던 어떤 남성의 그 끈기.
왁자지껄 떠들썩한 자리에서도 조용히 침묵을 지키며 그러고도 분위기를 깨지 않는 남자의 신중함.
여자의 외로움 헤아려 주고 어루만져 주는 남자의 따스함.
야망보다 소망을 키워 가는 남자.
자기보다 주변 사람을 더 생각하는 여자.
아내나 연인의 과거를 들추어 내지 않는 남자.
꼭 필요한 말만 하는 남자.
때때로 처절한 고독과 싸우면서도 그런 티를 전혀 안 내는 남자.
낙엽색 바바리코트를 멋지게 입고 낙엽 쌓인 거리를 걸어가는 남자.
매일 흰 양말만 신지 않는 남자.
가끔 옛 애인을 만나고 싶은 충동을 느끼지만 자제할 줄 아는 남자.
늘 공부하는 남자.

자기보다 유능하고 명석한 두뇌를 갖고 있다는 이유 하나만으로 여자를 괴롭히지 않는 남자.

어려운 일 앞에서 비굴해지지 않고 쉬운 일 뒤에서 교만 떨지 않는 남자.

강한 자에게 아부하고 약한 자에 터무니없이 강한 남자가 아닌 남자.

거울 속의 자기에게 도취되어 일에 게으르지 않은 남자.

모차르트와 조용필을 함께 이해하는 남자.

그런 남자들은 아름답다.

건망증

시골에 조그만한 집을 한 채 짓고 주말이면 그곳에 가서 쉬고 싶다는 열망에 시달리던 내가 포도원이 삥 둘러싼 땅을 드디어 샀는데 등기를 하러 가는 날, 땅문서를 잃어버리고 허둥대고 있는데….

함께 동행하기로 한 친구가 눈을 휘둥그레 뜨고 놀란 표정이다.

너도 이젠 많이 변했구나 하면서.

그 친구는 나의 기억력을 잘 기억하고 있는 10대부터의 친구여서 땅문서를 어디에 두었는지 전혀 기억을 못하고 사무실을 발칵 뒤집어 놓는 나를 보고 화들짝 놀란 것이다.

간신히 찾아 들고 XX면으로 가는 차 안에서 그런 증상, 건망증이 언제부터 있었냐고 물었다.

"꽤 되었어."

나는 울컥 서러움이 치밀어 올라 더 이상 말을 못하고 차창 밖으로 시선을 못 박은 채 앉아 있었다.

잘못된 인연으로 울며울며 타박타박 낙타처럼 걸어 나온 20대, 30대가 저만치 보이고 남들은 다 승천했는데 나만 삶의 황량한 육지에 남아 있다는 자괴감에 떨던 나날이 나를 따라왔다.

그리면서 40대 초에 생긴 증상이 건망증.

네 살 때 일도 또렷이 기억하는 내가 이제는 5분 전에 행위도 잘 기억을 못한다.

총명한 딸아이에게 입력(?)해 두었다가

소라야, 엄마 서류 어디 있지?

엄마 도장 어딨지?

하면 금세 찾아다 준다.
내 이름조차 생각이 안 나는 것이었다.
전생에 나는 아마도 정말 총명하고 명석한, 행복한 학자였으리라.
그래서 현생에서는 이토록 고달프고 툭하면 잊어버리고 잃어버리고 그러나 보다고 생각도 해 보지만 글쎄… 건망증은 고약해서 중요한 서류가 든 가방도 택시에 놓고 우산만 들고 내리게 하고 친구 이름도 잊어버리게 하고 때로는 내 전화번호도 잊어버리게 한다.
몇 날 며칠을 건망증 때문에 서러워하다가 이제는 마음을 비우라는 뜻인가 하고 안타까워하지 않는다.
내가 죽어 한 줌의 흙이 된다는 것만 안 잊으면 되니까.
내가 아름답게 늙어 가려면 사랑하고 또 사랑해야 한다는 사실을 안 잊고 살면 되니까.
어떤 삶이 값진가를 잊지 않으면 되니까.

늘 웃는 사람

어떤 얘기를 듣고도 웃는 사람이 있다.
무척 충격적인 얘기를 들려주어도 그저 웃는다.
자극을 주어도 별 반응이 없다.
왜 그럴까?
나는 비교적 표정이 많은 사람인지라 그런 그의 모습이 기이하게까지 느껴졌다.
슬픈 얘기를 들으면 금세 눈물이 올라오는 나는 어떤 얘기에도 늘 웃는 사람에 대해 분노까지 느껴야 했는데….
어느 날.
그는 이런 얘기를 들려주었다.
항상 웃는 듯 우는 듯 애매하게 노래하는 새가 있는데 죽을 때는 피를 토하며 울다 간다는….
나는 순간 그의 슬픔이 너무나 깊다는 것을 느끼고 그의 눈을 보았다.
웃는 듯 우는 듯 애매한 그의 눈빛.
그는 많은 상처를 입고 그래도 날아 보려 애쓰는 한 마리 새처럼 보였다.
그래!
늘 웃는다는 것은 어쩌면 넘실대는 슬픔을 타인들에게 안 보이려고 애쓰는 안쓰러운 몸짓이리라.
나는 그의 깊은 내면을 못 보고 어떤 얘기에도 웃는다는 것은 배치와 같다며 경멸했으니….

조금만 슬퍼도 울고, 조금만 기뻐도 웃는 나보다 그는 한결 더 깊게 인생의 아픔을 알고 있는 것이다.

늘 웃는 사람.

그를 경멸한 내가 부끄럽게 느껴졌다.

둘이 있는 시간

혼자 있을 수 있는 사람만이 같이 있을 자격이 있다고 에리히프롬은 말했다.

혼자에 길들여진 지금까지 나는 혼자 있을 수 없는 사람들이 함께 있으려고 발버둥칠 때는 파트타임의 파트너로 전락하는 것이라 생각하며 혼자에 잘 길들여진 나를 스스로 대견해하며 살아왔다.

그런데 40대의 언덕을 넘어가는 지금에 혼자보다 마음이 잘 교류되고 추구하는 게 비슷한 사람과 마주 앉아 세상일 잠시 잊고 망중한을 갖고 싶다.

몇 시간이고 마주 보고 앉아서 이 얘기 저 얘기 나누노라면 시간 흐르는 것도 의식하지 않게 되고 배고프지도, 목마르지도 않고 그저 기분이 편안한 상태에 있게 된다.

그런 친구가 어디 흔하랴?

그러나 세상에 태어나 그런 친구가 하나쯤 곁에 있다면 그는 충분히 부자다.

나는 그런 친구가 둘이나 된다.

그러니 나는 갑부가 아닌가?

마주 앉아 있으면 물 한 모금 안 마셔도 좋다.

그저 음악 들으며 둘이 마주 보고만 있으면 행복하다.

그런 친구와 둘이 있는 시간이 나는 이제 혼자 있으며 그리워하고 애달퍼하는 것보다 좋으니 그동안 너무나 외로웠기 때문일까.

그런 친구야 꼭 사람이 아니어도 되겠다.

달도 내 친구일 수 있고 은행나무 한 그루도 내 친구처럼 내 얘기,

내 슬픔, 내 기쁨 알아줄 것만 같다.

혼자 철저하게 고독 시간보다 둘이 있으면서 세상 밖으로 잠시 걸어 나와 지나온 세월 뒤돌아보고 앞으로 걸어갈 세월 내다보는 시간.

그런 시간을 나는 그 어떤 보석과도 바꾸지 않으련다.

이제는 잃어버린 젊음.

놓쳐 버린 꿈, 사랑.

그런 것에 애달파하기보다 좋은 친구와 둘이 있는 시간을 아끼며 살리라.

둘이 있는 시간.

사랑하는 사람과 함께 있는 시간.

그것만큼 나에게 '살아 있음'이 기쁨을 주는 것은 없다.

인생 학점

요즘 각급 학교 졸업식이 한창이다. 상급학교에 진학하는 사람도, 사회에 진출하는 사람도 있을 것이다.

사회란 얼마나 냉혹하며 조직적인가를 아는 사람은 학교문을 나서기도 전에 진저리를 치며 옷깃을, 마음깃을 여미며 심호흡을 해 보리라.

한편 터무니없는 기대를 안고 가슴 부푼 사람도 있겠다.

며칠 전 대학을 수석 졸업한다는 졸업 예정자와 면담을 했다.

또랑또랑한 목소리, 전신에 흐르는 교만, 당돌하게까지 느껴지는 태도.

"저는 자신이 있어요.

모든 면으로.

수석졸업이니까요."

나는 그녀의 태도에 주눅이 들어 그만 한동안 고개를 숙이고 있어야 했다.

물론 자신을 갖고 일터를 찾는 사람과 그렇지 못한 사람과의 사고 차이는 대단한 것이고, 자신을 갖고 있는 쪽이 한결 신뢰감이 가는 것도 사실이다.

하지만 학교에서 받는 점수와 사회를 헤쳐 나가며 사회인, 직업인으로서 받는 인생 학점과는 너무나 다른 기준이 있다.

이론과 실제 사이에서 얼마나 현명하게 지적인 밸런스를 갖고 인간관계를 얼마나 둥글게 하며 자식 노릇, 애인 노릇, 직업인, 이웃 노릇을 얼마나 잘하는가에 그의 인생 학점은 달라진다.

이웃의 슬픔을 나눠 느끼고 하루하루를 근면, 성실로 꽉 채우며, 오늘 비록 비바람 휘몰아쳐도 보다 나은 내일을 위해 한 그루 나무를 심는 사람의 인생이 수석 아닐까.

남의 행복을 눈 흘기며 이 세상은 불공평하다고 불만의 독소만을 퍼뜨리며 한 번에 비상하려는 어리석은 자는 인생 낙제.

때때로 허무의 늪에 빠져 허우적대면서도 내일을 위해 겨자씨만한 소망의 나무, 유아들을 키우는데 내 모든 것을 투여하려는 나의 인생 학점은 A일까 F일까.

우리의 인생 학점이 어느 정도인지, 사회에서 어우러져 사는 우리 모두는 매일매일 스스로 채점해야 하지 않을는지….

어떤 중년

중년(中年)은 인생의 절정기, 황금기라 할 수 있지 않나 생각하곤 한다.

자기에 대한 계산이 끝났기에 허황된 꿈은 꾸지 않는다.

이제 찌꺼기를 거르고 걸러서 말갛게 투명한 모습으로 참인생을 찾는다.

돌아서, 돌아서 시간을 헛되이 쓸 수도 없다.

남자라면 한 가정의 가장이고 남편이다. 여자는 어머니라는 막중한, 아름다운 이름을 갖고 있다.

중년.

초년 고생은 사서도 해야 한다던가?

초년에 어떻게 살았느냐에 따라서 중년의 모습이 다르다.

물론 참으로 열심히 살았는데도 초라한 모습일 수도 있겠고, 별로 노력을 하지 않았음에도 화려한 모습일 수도 있겠다. 승승장구하던 사람도 갑자기 아래 계단으로 떨어질 수도 있고, 빛바랜 사진 같던 사람이 반짝반짝해질 수도 있다.

나는 이런 중년을 알고 있다.

누구보다 힘들게 살아온 2, 30대.

그 터널을 빠져나온 10대인 지금.

그녀는 그 누구보다 품위 있게 늙어 간다.

젊음을 지키려 노력하지도 않건만 그녀의 분위기는 젊음 이상의 그 무엇을 풍긴다.

자연미(自然美), 지성미(知性美), 혼자 황무지를 개간해 온 사람 특유의 자신감.

그녀는 이제 남의 축제에 자기가 필요하다면 어디든 달려가고자 한다.

'나눔'의 미학(美學)도, '부족함'의 미학도 그녀는 안다.

다만 그녀는 남을 쉽게 믿지 않으려 한다. 공명(共鳴)은 해도 믿지는 않는다.

주변 사람이 번쩍번쩍 그렇게 살아도 그녀는 윤기 안 나는 것들, 속으로 속으로 죽이고 숨기고 사는 은근함들을 사랑하며 '상처 입은 새'를 사랑하며 그렇게 살아간다.

한 남자의 아내이고 한 아이의 어머니면서 그녀는 늘 자유인(自由人)이 되고 싶어 한다.

자유!

진정한 자유를 그 무엇보다 그리워하면서 그녀는 누구보다 눈물 많은 중년이고 그 누구보다 따스한 중년이고 그 누구보다 진실한 중년을 보내고 있다. 자기를 속이려 드는 친구에게 전혀 내색 않고 속이려 했던 친구가 참회하도록 사랑하는 사람.

그녀를 속이려 했던 사람도 없었지만 그녀를 속인다는 것은 불가능하다고 생각되어지는 중년.

그런 중년 여인이 많았으면 한다.

비틀거리던 2, 30대를 보내고 이제는 적당히 살이 오르고 눈빛도 안정되고 아이도 둘이나 있고 건강한 아내가 있는 40대 남자.

그는 몇 년 전엔가 끼고 있다가 던져 버린 반지 하나 그 자리에 지금껏 있을까 하고 찾아 나섰다.

  설마 그 자리에 그 빛도 안 나고 사이즈도 안 맞던 반지가 있을라고?

  아!

  그런데 그 자리에 그대로 자기가 던져 버렸던 반지. 내게 안 맞는 반지라며 빼어 던졌던 반지가 그대로 있었음을 발견한다. 그 감격도 오래가지 않고 문득, 아내와 아이들이 그리워지고 그 반지를 주워 다시 끼지도 못한 채 그는 다시 길을 떠난다.

  다시는 돌아올 수 없는 세월.

  그 반지는 다시 내 것일 수 없음을 자각하며 40대 중년 남자는 돌아선다.

  어긋난 인연이 안타깝지만 여인은 곳곳하게 제 갈길 가고 남자는 비틀거리며 그러나 비정하게 다시 제자리, 아내와 아이들 곁으로 걸어간다.

  중년.

  잘못 살아온 세월이 한스러운 중년.

  갖가지 모습의 중년이 이곳저곳에서 흔들린다.

  나도 흔들리는 중년일까?

* 「둘이 있는 시간」(친우, 1989) 에세이 중에서

웃음소리

하루에 한 번 크게 웃어 볼 일이다. 가슴이 탁 트이는 느낌이 든다. 화를 낼 때마다 사람은 그만큼 늙고 병든다. 하지만 웃을 때마다 젊어진다고들 한다.

아이들의 웃음소리가 흘러나오는 곳은 천국처럼 느껴지고, 수다스러운 여인네들의 왁자지껄 웃음소리는 어쩐지 품위가 느껴지지 않는다.

나는 딸아이의 웃음소리를 들으면 한없는 행복을 느낀다. 함께 일하는 선생님들의 웃는 모습을 보면 꽃을 보듯 황홀하고 어여쁘다.

어느 30대 초반의 여자가 나를 보고, '미소 짓는 모습이 아름다우니 자주 웃으라.'고 주문한다.

웃는다는 것. 그것은 축복 중의 축복인 듯하다.

웃음소리를 들으면 그의 교양이나 지성을 짐작할 수 있다. 웃음도 어떻게 웃느냐에 따라 일을 추진하게 만들기도 하고 일을 그르치게 하기도 한다.

심각한 얘기를 하는데 혼자 갑자기 히히히 이상한 소리로 웃는 여자가 있었다. 백치 같은 웃음.

혼자만의 생각에 빠져 웃는 그녀는 주위 사람을 불쾌하게 해 어떤 일을 그르치고 나서부터는 웃는 것에 신경을 쓰게 되었다고 들었다.

웃는 것도 종류가 있다. 비웃음도 있고 홍소(哄笑)도 있다.

'웃음'이 아름답고 건강에 좋다고 해서 장소나 때를 가리지 않고 웃는 것은 분수에 어긋나는 푼수일 것이다.

모나리자의 미소 같은 신비로운 미소를 짓게 되는 길은 멀까?

어느 여름날

맑은 햇살이 따갑게 내리쬐는 어느 여름날. 차를 타고 가다 모자를 쓰고 포대기로 아기를 들쳐 업은 젊은 여자를 발견했다.

그 여인은 아기를 업고 초라한 행색으로 무언가 광고지를 돌리고 있었다. 아기가 흘러내리면 다시 추스르고….

아기는 머리카락을 야자수처럼 한 갈래로 묶은 계집아이인 듯했다. 순간, 내 딸아이의 어린 시절이 떠올랐다.

왠지 아이 아빠와의 인연이 한없는 절벽처럼 느껴질 때, 아이를 포대기로 업고 나가 하늘을 올려다보면 눈물이 똑똑 떨어지던 날이 있었다. 왜 이런 인연을 만나 이토록 외롭고 괴롭고 억울해야 하는가?

하늘엔 별이 뚝뚝 떨어져 내리고, 내 가슴에는 비탄과 슬픔이 별똥별처럼 떨어지고 있었다.

아이는 등 뒤에서 발을 흔들며 옹알이를 하고, 긴 엄마의 머리카락을 잡아당기며 키득거렸다.

그래! 우리 아이. 내 생명보다 더 소중한 이 아이를 위해 어떤 인연도, 그것이 악연(惡緣)일지라도 선연(善緣)으로 만들리라.

참고 견디리라. 그 어떤 고통도, 사랑하는 내 아이를 위해서는 어떤 수모도 견딜 수 있었다.

아이를 어떤 할머니에게 맡기고 방송국으로 가 방송을 하다 보면 어느 땐 가슴이 찌르르하며 젖이 돌았다. 얼른 화장실로 가서 젖을 짜내고 있노라면, 어느새 나는 한 아이의 엄마로서 모질도록 강해져 가고 있음을 온몸으로 느낄 수 있었다.

뜨거운 여름날의 땡볕 속을 걸어 다니는 저 젊은 엄마도 아이를 위해 무엇을 못하랴….

 아이를 낳은 뒤, 나는 여자보다는 엄마로서만 살았다.

 저 여인도 그렇게 되는지도 모른다. 아니 이미 그런 삶을 살고 있는 듯 보인다. 자식을 위해 많은 것을 희생해 바치는 여자들.

 세상의 모든 엄마들은 자신의 아이를 위해 그 어떤 수모도 견딜 수 있다.

 작고 젊은 저 여인을 보며, 이미 몇 십 년 전으로 흘러가 버린 지난 날의 나의 모습을 애절한 마음으로 다시 만난 어느 여름날의 하루는 그렇게 지나갔다.

외동딸

서른둘에 낳은 딸 하나.
그 아이가 이제 20세의 단아하고 고전적인 미를 함빡 풍기는 성년이 되었다. 그 아이가 날씬한 몸매로 향기를 내며 학교에 갈 때, 흐뭇한 미소가 입가에 번짐을 어쩌지 못한다.
작곡을 전공하는 아이. 그 아이는 자기의 생각, 감동을 악보에 올리며 자기를 실현하며 삶을 살 것이다.
앙증스럽던 계집아이. 늘 엄마를 황홀하게 하던 그 아이. 하지만 그 아이는 지금 사랑에 빠져 있어 엄마는 늘 뒷전이다. 엄마는 돈을 대주는 물주(?)에 불과할까?
나는 비교적 보수적인 집안의 맏딸로서 자유를 누리지 못한 한이 있기에, 내 아이에게는 많은 자유를 준다. 여행도 권하고, 많은 체험을 놓치지 말라고 한다.
음악회, 연극, 여행, 사랑… 그런 것들로 가슴에 아름다운 음계를 그리며 인생의 순간순간을 풍요롭게 살기를 바란다.
어릴 때, 엄마가 외국에 가면 엄마 잠옷을 안고 잠들었다는 아이. 이제는 제 남자 친구의 사랑을 안고 잠든다. 그런 외동딸의 성장을 보며 때로는 외롭지만 행복하다는 생각을 한다.
그 아이가 있어 나는 일탈하지 않고 참으로 열심히 살아올 수 있었다. 앞으로의 내 소망이 있다면, 남은 내 삶이 건강해서 사랑하는 내 외동딸의 결혼과 출산, 육아, 그리고 딸아이의 일에 도움이 되었으면 하는 것뿐이다.
소라야.

나는 네가 좋은 남자 만나, 비교적 큰 성공은 아니더라도 너의 이상을 실현하는 아름다운 성공을 이루며, 건강하고 조촐한 삶을 엮어가길 빈다. 내 소원은 네 행복뿐이란다.

장미보다 더 예쁘고 모란보다 더 우아한 내 딸 소라.

너를 위해 엄마가 무슨 일을 못하겠니? 목숨도 바칠 수 있단다.

너는 엄마가 작곡한 단 하나의 아름다운 곡이다. 이 세상에 단 하나인 곡.

잃어버린 향기

목이 따끔거리더니 드디어 감기, 몸살을 앓게 되었다. 서울 공기만 마시고 오면 으레 목이 아파 왔는데….

하루, 이틀 그러다가 말겠지 했지만, 본격적으로 열이 나더니 그만 침상에 누워 앓게 된 것이다.

하루, 이틀, 사흘, 나흘….

약 먹고 자고 어서 나아, 꽃 피고 잎 피는 이 4월을 완상(玩賞)하리라 다짐하였건만, 열흘 동안이나 속수무책인 채로 고독한 싸움을 했는데….

이게 웬일인가? 좋아하는 오렌지를 먹는데, 아무런 향기도 안 난다. 아니! 껍질을 으깨어 코에 대고 맡아도 오렌지는 묵묵부답이다. 반응이 없다. 이제는 잃어버린 첫사랑처럼 대답이 없다. 가슴이 떨려온다.

아침에 샴푸한 머리카락 냄새를 맡아 본다. 아무런 대답이 없다. 아무리 노크해도 대답 없는 불꺼진 창처럼, 머리카락도 대답이 없다.

여기저기 냄새를 찾아 부르고 다녀 보지만 어디에서도 대답은 없다. 후각을 잃은 사람도 있다던데… 공포가 엄습한다.

집에서 가까운 내과(內科)로 허둥지둥 갔다. 감기를 심하게 앓으면 그럴 수 있다는 인상 좋은 의사의 말에 안도하며, 주사를 맞고 돌아와 책상 앞에 앉았다. 오렌지 두 개를 가져다 놓고 냄새를 맡아 본다. 조금씩 조금씩 오렌지의 향그러운 냄새가 살아난다. 향기가 대답한다.

과일이나 꽃이나 그것들이 내뿜는 냄새는 바로 그들의 목소리가 아닐까? 내가 여기 있다는 목소리. '감사합니다!'라는 인사가 절로 나온다.

되찾은 냄새!

만약 후각을 잃는다면? 얼마나 더 괴로울까? 숲속의 향기나 과일 향기도 맡지 못한다면 얼마나 삶이 더 적적할까?

그렇다. 냄새는 바로 그 사물이 내는 목소리라는 생각이 든다.

'나는 이런 물건이에요! 하고 말하는… 잃어버린 향기를 되찾고 나서 소박한 꿈을 품는다.

내 남은 삶이 그 누구에게도 향기로 남고 싶다는 꿈을. 향기 없는 사람은 곧 목소리 없는 사람이라면 지나친 비약일까? 그럴까?

말 한마디

어느 50대 후반의 여성은 입만 열면 다른 여자의 험담이다. 그것도 너무나 극렬하고 날카로운 험담이다. 그녀가 다른 이를 칭찬하는 것을 단 한 번도 본 적이 없다. A는 무엇이 나쁘고, B는 어떤 점이 추하고, C는 무엇이 못되었고….

그 여인의 말을 듣다 보면 나 역시 슬그머니 겁이 난다. 그 사람이 나에 대해서도 저렇게 터무니없이, 자기 위주로 확대해서 남에게 말하겠구나 싶어 겁이 나는 것이다.

'요즘 짜증이 많이 나네요.' 했더니, 죽을 무렵이 되면 그렇다는 것이다. 그럼 내가 죽을 때가 가까워졌다는 말인가?

말 한마디가 천 냥도 되고 비수도 되고 보약도 되거늘, 그녀는 왜 그리 입을 가볍게 여기는 것일까? 왜 자기만 옳고, 남은 다 못되었다는 것일까?

나는 그 여인과 얘기할 때마다 '복을 입으로 턴다!'는 속담이 생각난다. 말 한마디에 사랑과 덕과 선을 실을 수도 있으련만, 그 여인은 듣는 이를 비관하게 하고, 불쾌하게 만든다. 안타까운 일이다.

뒤돌아볼 때, 내게 말 한마디의 비수를 꽂았던 사람도 있고 내게 말 한마디의 은혜를 베푼 사람도 있을 것이다. 한마디의 말이지만 내게 용기를 주고 기쁨을 주었던 그 여인이 아름답게 떠오른다.

말 한마디도 공들이고 정성을 들여, 참으로 곱고 향기 나도록 하리라는 생각을 늘 한다. 내 말 한마디가 그 누군가의 가슴에 뿌리를 내리고 한 그루 나무로 자라나고 있을 수도 있다는 생각을 해야 한다.

살면서 누군가의 가슴에 비수로 꽂히는 말은 하지 말아야 한다. 그것도 큰 죄다.

백자 항아리

아무런 무늬도 없는 흰 항아리를 한 개 가지고 있다. 학이 날고 있는 것도 있었지만, 나는 아무 무늬도 없는 흰 자기가 제일 마음에 들었다.

그 항아리를 볼 때마다 나는 이글거리는 불가마를 생각한다.

끓는 불가마에서 희디흰 항아리가 나온다. 그처럼 우리 인생도 고통의 불가마에서 희고 명료한 깨달음이 오는 게 아닐까.

고통이나 고난도 없이 안락만 누리며 사는 사람은 맹물과 같다. 아무런 매력도 향기도 없다. 고통도 끌어안을 일이다. 피한다고 피해지는 것도 아니므로.

오늘도 나는 흰 백자 항아리를 쓰다듬으며 내 고통을 쓰다듬는다. 이제 그만 숨죽이라고 속삭이면서.

그리움의 나이테

언젠가 나에게 나이를 묻는 일곱 살짜리 아이가 있었다. 나는 아이를 가슴에 안으며 대답했다.
"내 나이는 마흔이 넘었단다. 또 오십을 넘었단다."
"와!"
아이는 놀란 듯 두 팔을 벌리며 소리쳤고, 나는 때마침 불어오는 바람을 맞으며 속으로 뇌까리고 서 있었다.
"얘야! 선생님은 더 많은 나이를 갖고 있어. 선생님의 나이테는 아마 헤아릴 수 없이 많을 거야. 무슨 나이테냐구? 그리움의 나이테! 선생님은 그리움을 키우며 살았거든."
나는 비가 내리는 날에는 비 때문에, 눈이 내리는 날은 눈 때문에, 쾌청한 날은 쾌청한 대로, 바람이 불면 부는 대로, 늘 그리움에 애태우며 살아왔다. 그리움이 없었다면 나는 아마도 정신적인 앉은뱅이나 귀머거리로 남아 있었으리라.
그리움 때문에 서성이면서 나는 늘 깨어 있으려고 노력했고, 원숙해지려고 노력했다. 주저앉으려는 나를 깨우려던 그리움, 창마다 레몬빛 등불이 켜질 무렵이면 이제는 영 타인이 되어 버린 어떤 이를 향한 그리움에 목말라했고, 바람이 머리카락을 헝클어 놓으며 지나갈 때는 언젠가 우연히 만났던 사람을 그리워했다.
안개가 자욱한 아침에는 언젠가 갔었던 샌프란시스코가 가슴 뻐근하게 그리워 서성이었고, 몸이 아파 침상에 누워 있을 때는 열에 들뜬 손을 잡아 주며 눈물 글썽이던 사랑하던 사람이 보고 싶어 애달파했었다. 그리움이라는 안개가 늘 나를 감싸고 있었기에 그래도 꼿꼿하게 생의 외나무다리를 지금껏 무사히 건너온 것이 아닐까?
 비타민처럼 내게 그리움이 결핍된다면 내 몸, 내 정신 곳곳에 이런 증상이 나타날 것만 같다. 눈의 총기도 잃어가고, 걸음걸이에 힘도 없고, 시집도 안 읽을 것이고, 음악도 가까이하지 않았으리라.
 정신적 괴혈병에 구루병, 야맹증, 각기병에 걸려 툭하면 영혼의 상처를 입으며 피흘릴 테고, 밤눈이 어두워 별이나 달조차 유정한 시선으로 바라보지 못할 테고, 다리 아프다며 아름다운 곳을 찾아 떠나지도 못할 테고, 등을 구부정하게 구부려 다니니 보는 사람들에게 혐오감을 줄 테고…, 나는 추물 중에 추물이 되어 가겠지.
 늘 찰랑대는 그리움, 사람을 향한 그리움, 어떤 나라를 향한 그리움, 어떤 차향(茶香)을 향한 그리움, 음악을 향한 그리움이 발효되어 내 분위기로 되었으리라 생각한다. 사랑을 하며 영혼을 불태우다가 헤어지고, 추억의 잿더미가 남고….
 그런 정열보다 잔잔한 그리움을 안고 사는 이의 분위기가 한결 고즈넉하고 은밀스러운 향기를 풍기는 까닭은 무엇일까?
 사랑은 모든 것을 헌신해야 하고, 때로는 불살라야 하고, 그러다 보면 허탈해지기도 하지만, 그리움은 나이테가 많아지면 많아질수록 더 짙은 애달픔이 깃들기에, 오래 묵은 불처럼 향그러운 내음새가 인품에서 배어 나오나 보다.
 그리움이 있는 사람, 그리움을 안고 사는 사람. 내게 그리움이 없다면 아마도 삭막하고 표정 없는 여자에 불과하리라. 이승을 뜨는 순간까지 나는 그리움을 안고 살아야겠다.

꿈을 향한 그리움, 못 이룬 꿈에 대한 그리움, 고향을 향한 아련한 그리움, 이제 이름을 불러서는 안 될 그 누군가를 향한 그리움을 안고 죽는 순간까지 촉촉한 눈빛, 다정한 가슴으로 살아야겠다는 생각을 다진다.
　내 그리움의 나이테는 몇 개나 될까?

돌아오기 위하여 떠난다

이제는 어깨 위의 검불도 무거운 느낌이 들 정도로 삶에 많이 지친 나이지만, 한 해에 한 번 정도는 어디론가 무척 떠나고 싶어진다. 여행 가방을 들고 낯선 나라에 간다는 것도 젊을 때는 행복했지만 이제는… 이제는 그저 세 시간 정도 달려갔다가 돌아올 수 있는 국내 여행이 좋다. 삶이 넌더리날 때, 문득 주위 사람들이 모두 싫어질 때, 내 모습이 생소하다고 느껴질 때, 그럴 때는 어디론가 일상을 뒤로하고 홀연히 떠나고 싶어진다.

나는 작은 여행 가방을 들고 이제 다시는 안 돌아올 듯 차표를 사고 머리카락 날리며 떠난다. 하지만 떠난 지 한 시간, 두 시간이 채 지나지 않아서 벌써 허둥대고 있는 나를 발견한다.

'어서 돌아가야지. 내 사랑하는 딸 곁으로. 내 일터를 향해서.'

이런 게 인생인가 보다.

한때 미뤘던 친구가 그립다. 그만한 딸이 없고, 그만한 직업이 없고, 그만한 친구 없으리라! 고개를 끄덕이며 한결 눈이 유순해져서 세상으로 현실로 다시 돌아온다.

내가 알아야 할 모든 것은
이미 유치원에서 배웠다

유치원에서 일어나는 일들은 동화이자 동시다.
아이들 나름대로 유치원 교사의 가르침을 받아들이는 태도나 속도에는 차이가 있다.

나누어라!
내가 더럽힌 것은 네가 닦아라!
네 것이 아닌 것은 가져가면 안 된다.
잘못했으면 잘못했다고 말하라.
음식을 먹기 전에 손을 씻어라.
거리에 나가면 차를 조심해라….

사람들은 유치원 교사에게서 배우는 것들은 지극히 평범한 교훈이라고 생각한다. 그러나 그 사소하고 평범한 교훈들이나마 실천하지 않는 데서 문제가 발생하는 것이다.
나누어 갖기는커녕 남의 것을 빼앗기도 한다. 다른 아이를 때리지 말라고 가르쳤지만, 아내를 때리는 것으로 스트레스를 푸는 남자도 있지 않던가?
장난감은 제자리에 갖다 놓으라고 가르쳤지만, 어른들은 자연에 가서 놀다가도 쓰레기를 꼭 남기고 오지 않았던가?
잘못했으면 잘못했다고 말하라 가르쳤지만, 자기가 잘못하고도 큰소리 치지 않았던가?

유치원에서 가르친 것만 가지고도 아름답고도 멋진, 존경받는 삶을 살아 낼 수 있다고 나는 확신하고 있다.

돌아오기 위하여 또 떠난다

일상이 지겹고 넌더리가 날 때, 그때는 어디론가 홀연이 떠나고 싶어진다. 왜 이렇게밖에 살 수 없는가 하고 회의가 들 때, 주위 사람들에게 최선을 다했는데도 그네들이 자기들 일에만 열중하고 나를 등한시할 때, 그럴 때도 떠나고 싶어진다.

삶이란 무엇인가?

도대체 생로병사(生老病死)란 무엇인가?

삶의 끝은 어떠할까?

참사랑은 과연 있는가?

이런 물음표가 가득 찍혀질 때 떠나고 싶어진다.

가방에 옷 몇 가지와 세면도구를 넣고 떠나 본다. 어디론가 바람처럼 흘러가 본다. 그러나 얼마 안 가 돌아와야 하는 인생.

남자들은 돌아오기 위하여 떠난다 했다. 여자도 돌아오기 위하여 잠시 외출하는 것이다.

내 외동딸 아이는 아무리 멋진 곳에 가더라도 자기 집, 자기 방을 그리워 애태운다. 엄마와 동행했는데도 '집에 가고 싶다.'고 노래한다. 그 아이는 돌아오기 위하여 잠깐 집을 떠난 것에 불과하다.

나 역시도 일주일 이상의 여행은 힘들다. 늘 떠나고 싶어 애달프다가도 막상 떠나면 되돌아오고 싶어 안달인 모녀(母女).

되돌아오기 위하여 우리는 떠나는 것이다. 그 누구나 마찬가지일 터다. 물론 개중에는 끝내 떠나 돌아오지 않는 출가인(出家人)도 있긴 있다.

* 「이제야 비로소 날개를 얻다」(자유시대사, 1998) 에세이 중에서

5부

나도 그 누군가에게

선물이고 싶다

결혼 이야기

서로 사랑하게 되면, 조건이 맞으면 결혼을 합니다.
함께 살면 여러모로 바람직할 것이라 믿고…
그러나 그 얼마나 많은 부부가 결혼으로 인해
서로 멀어지게 되었는지…
토마스 플러라는 사람은
남자가 가지고 있는 최고 또는 최악의 재산은
바로 그의 아내라 했습니다.
생텍쥐페리는
사랑은 서로 마주 보는 것이 아니라
함께 같은 곳을 보는 것이라고 했습니다.
프레드리히 니체는
결혼은 서로의 곤경을 같이 치러 주는 것이라 했습니다.
그러나 많은 남녀가 결혼은 사랑의 무덤이라며
결혼하지 않고 독신으로 살겠다 합니다.
프랑스에서는 결혼이라는 제도 말고
동거에 가까운 그런 형태의 현상이 있다고 합니다.
헤어질 때 위자료니, 양육비니 따지지 않아도 되는 그런 모습!
서로 좋은 면을 북돋아 주면서 조금 더 우아한 삶을 꿈꾼다면
분명 금슬 좋은 부부가 많이 보이리라 믿습니다.
악기를 배운다던가, 봉사한다던가 해서
덜 공격적이고 집중력 좋은 부부가 많아졌으면!
소리 지르며 싸우는 집 앞에서는 심장이 두근두근 뛰지만

악기를 연주하는 집 앞에서는
아! 저 집에는 좋은 사람들이 살고 있구나.
미소 짓게 되고 안심이 됩니다.
아이들에게 악기 하나씩은 꼭 가르쳐서 결혼을 시켜야겠습니다.
혼수로 첼로나 바이올린을 사 주는 것이
큰 냉장고나 큰 집을 사는 것보다 현명하다는 생각입니다.
참 어려운 것이 '결혼'입니다.
결혼해서 행복하려면
돈도 들고, 사랑도 들고
시간도 들고, 노력도 들고, 철이 듭니다.
철들자 '늙은이'가 됩니다.
그것이 세라비! 인생입니다.

떠날 때와 보낼 때

〈기차는 8시에 떠나네〉라는 노래가 있습니다.
젊은 시절 연인과 헤어질 때
일주일 후면 다시 만날 수 있음에도
눈이 붓도록 울었던 기억이 누구나 있을 것입니다.
떠나보내는 연인도 떠나는 연인도
눈물이 그렁그렁했습니다.
요즘에는 기차로 여행하는 사람은 적고
플랫폼에서 손을 흔들며 작별하는 사람도 드물지만
낭만적인 모습입니다.
옛날 옛날엔 그런 사람들이 있었는데…
각자 다른 사람들과 결혼, 아이를 낳고 살다가…
저 하늘나라로 무지개다리를 건너 떠날 때
요양원이라는 곳에 가서 3년여를
코에, 팔에 주렁주렁 주사를 꽂고 죽음을 맞는 사람
유치원은 줄고, 요양병원은 속속 늘어나는 고령화사회
안 가겠다고, 방 하나 얻어 주면 혼자 살겠다는
시어머니를 요양원으로 모시고도
잘 살아가는 며느리도 있고
이 모양 저 모양으로 부모의 은혜를
잊고 사는 아들도 있습니다.
가족과, 친숙한 공간에서 임종하고 싶은 어르신들
잘 있거라. 너희들이 있어 행복했다.

그리고 너희들 꿈 이루는데 못 도와줘 미안했다.
고맙다, 미안하다, 사랑한다.
웰빙 시대가 아니라
이제는 웰다잉을 실천해야 하는 시대를 지나갑니다.
이별에도 예의가 있어야 합니다.

곁의 사람

에어컨을 방마다 설치해야겠다는 남편과
거실만 있어도 된다는 아내
그 둘은 싸우다가 내린 결론은…
이혼하자였습니다.
그래! 이혼하자!
한 사람은 여름을 너무나 타고
한 사람은 한여름에도 골프를 치며 여름을 즐기고…
한 사람은 너무 뜨겁고, 한 사람은 너무 차고…
안 맞는다, 안 맞아!
결혼할 나이가 되어 그냥 결혼했지.
아들 하나, 딸 하나 낳고 그냥 살았지.
그 아이들 다 결혼했고
이제 공통분모가 전혀 없는 사람들이
어떻게 살아? 연금 반으로 나누고 헤어지자.
헤어지는 수속도 귀찮다.
서류는 그냥 두고 각자 자유롭게 살자.
그렇게 해!
두 사람은 소위 졸혼(卒婚)을 한 것입니다.
남들은 각자 사는 줄 모릅니다.
각자의 거처에서
그냥 자기들 하고 싶은 대로 살아갑니다.
그런데…

마냥 좋아 보이지 않습니다.
마치 메이컵을 잘하고
무엇인가 한 가지를 빠뜨린 듯한 분위기 같습니다.
검은 머리가 파뿌리처럼 변했는데…
늙어 손을 꼭 잡고 공연장으로
산책길로 걸어가는 부부가 부럽지도 않습니다.
그들도 어쩌면 정서적으로는 이미 남이 되었지만
친구보다도 못한 관계일 수도 있을 것입니다.
곁의 사람을 소중하게 여기지 않고 우습게 보는
사람들 뭐니 뭐니 해도 곁의 사람에게
대접받고 사는 삶이 가장 행복합니다.
밖에서만 인정과 갈채를 받으면 허전할 것입니다.
곁의 사람에게 상처를 주었거든
그 아픔이 사라질 때까지 어루만져 주어야 합니다.
내가 만든 상처
그 상처를 꿰매고 새살이 돋도록 최선을 다해야 합니다.
곁의 사람에게 인정받는 사람이 되어야 합니다.
그래야 합니다.
세상 떠날 때 후회가 없도록 말입니다.

기도하는 사람들

간절한 표정으로 기도하는
사람들이 모인 장소에 가면 왠지 눈물이 고입니다.
열심히 살아도 늘 힘든 세상살이
갑자기 쓰러져 뇌수술을 한 남편을 위해 기도하는 할머니!
그 할머니에 대해 조금은 알고 있기에 더 눈물이 납니다.
그 할머니 남편은 툭하면 큰 소리를 내어
할머니를 윽박지르고 폭력까지 행사했다고 합니다.
할머니가 아파 입원했을 때에도
돈을 내주지 않아 울었다던 할머니
그분은 점점 작아진 몸으로
나이보다 더 빠르게 쇠약해 가고 있는데…
그 남편은 건강한 몸으로 휘젓고 다니다가
뇌에 혹이 생겨 9시간이나 수술을 하고
요양병원에 입원했다는 이야기
죽도록 미워했다지만…
착한 할머니는 어서 회복되어
소리소리 질러 대며 욕하는 할아버지를 보고 싶다고 합니다.
죽도록 미워했는데… 이렇게 떠나 버리면 한이 될 것 같다고
왜 서로 미워하며 죽기를 바라며 지옥처럼 살았을까요?
왜 그런 부모의 모습을 보고 자란 아들들이
아버지처럼 아내 사랑할 줄을 모르고
쫓아내는 세월을 살게 했을까요?

온전한 사랑법을 가르쳐서 결혼을 시켜야지
때 되면 결혼하고 아이 낳고…
악순환은 계속 대를 이어 가니
사회는 또 얼마나 불안해지는 것일까요?
머리 좋은 사람보다
사람을 사랑할 줄 아는 가슴이 따스한 사람으로
자녀를 양육하고 교육하는 부모가 되기를 기도합니다.
기도하는 사람들의 모습만큼
아름다운 것은 없는 듯합니다.

이제야 내 뒤를 돌아본다

인디언들은 말을 타고 달려가다가
문득 뒤를 돌아본다고 합니다.
몸은 달려왔는데… 혹여 영혼을 빠뜨리고 오지는 않았는가?
뒤돌아본다는 것입니다.
바쁘다! 바빠!
한국인들은 모두 바쁘게 삽니다.
저녁이 있는 삶을 위해 근로시간을 줄이고
박물관이나 도서관으로 발길을 옮기는 사람도 많아졌고
줄어든 수입을 위하여 투잡을 갖는 사람도 늘고 있고
아이들과 함께하는 시간을 갖는
가장들도 늘어가고 있다는 소식입니다.
저녁이 있는 삶, 가족과 식탁에 둘러앉아
오순도순 저녁을 먹던 때가 언제였던가?
아내는 아내대로 자기계발에 힘쓰고, 수입을 위해 일하고…
아이들은 아이들대로 학교 끝나고 XX학원으로…
인생이란 다람쥐 쳇바퀴 돌리는 듯한 것인데
별이 빛나고 있는 밤에도
흰 구름이 토끼도 그리고, 노루도 그리는 여름날에도
그저 한숨을 토해 내며 질주하는 말처럼 산다면…
이 세상과 작별할 때 후회한다고 합니다.
나는 너무나 열심히 일했다!고.
가고 싶었던 곳, 만나고 싶은 사람

모두 미루고 앞만 보고 살아온 것은 아닌지…
이제 요즘 젊은이들은 부모 세대와는 다르게 살려 합니다.
여행도 자주 하고, 만나고 싶은 사람도 더 자주 만나고…
어르신들은 이제야 내 뒤를 돌아본다고 합니다.
내 뒤에 무엇이 남아 있는가?
후회와 그리움, 그리고 삶에 대한 성찰이 남아 있습니다.
고생 끝에 낙이 오는 게 아니라 병이 오네요.
어떤 여인의 음성이 지금도 들리는 듯합니다.
재산을 쌓아 두기보다
덕을 쌓고, 은혜를 쌓고, 그리움을 쌓아
'아름답게 늙으셨어요!'
그 나이에 그토록 아름다운 얼굴을
본 적이 없다는 고백을 듣는다면?
잘 살아온 인생입니다.

책(冊) 이야기

어려서부터 서점(책방)이 좋았습니다.
서점을 하는 친구네 집을 들락거리며
책 냄새를 맡았습니다.
옛날에는 대나무 껍질에 글을 써서
가죽 끈으로 묶어 썼는데 넘길 때 착착 소리가 나다가
책으로 이모음 동화가 된 것입니다.
어느 날 서점 하나가 문을 닫았습니다.
또 어느 날 책방 하나가 떠났습니다.
종이 책 읽는 사람, 신문 읽는 사람은 아날로그 세대입니다.
스마트폰으로 뉴스를 보고
멀리 사는 친구들과 안부를 묻고, 쇼핑도 합니다.
모르는 것도 다 스마트폰에 묻습니다.
국어사전, 영어사전, 옥편을 놓고 글을 쓰는
우리 같은 세대는 이제 거의 없다고 합니다.
지금도 종이 신문을 읽고, TV는 거의 안 보고,
책을 사 들고 집으로 올 때면 행복해지는 사람은
천연기념물이 되어 갑니다.
책을 많이 읽는 사람에게는 향기가 납니다.
책을 안 읽는 사람은 책을 못 읽는 사람보다 나을 게 없습니다.
세계는 한 권의 책입니다.
책 속으로 떠나지 않으면 한 쪽짜리 인생이라고 합니다.
내면이 한층 더 찬 성숙한 인격체를 만 권의 책이라 합니다.

학력, 학위로 평가받기보다
얼마나 많은 책을 읽고 교양을 쌓았는가로
평가하는 시대가 와야 합니다.
그래야 서점이 늘어나고
독서하는 사람들을 곳곳에서 볼 수 있을 것입니다.
파리에서 스위스로 가는 TGV(테제베)를 탔을 때
자꾸만 끌어당기는 그 무언가 기운을 느끼고 뒤돌아보니
은발의 할머니께서 책을 읽고 계셨습니다.
앞자리에서는 육감적인 반바지 차림의 아가씨들이
떠들고 있었지만… 그녀들은 그저 여자(女子)일 뿐
향기 없는 종이 장미 같았고
조용히 혼자 책을 읽고 있는 할머니의 기품 있는 지성미는
그윽한 향기가 감도는 분위기를 만들고 있었습니다.
기품이란 금세 만들어지는 것이 아니기에…
참으로 아름답고, 고귀한 품위입니다.
할머니는 비록 늙었지만 아름다움은 늙지 않았습니다.
책이라는 내면의 화장품이 있는 한
그 품위는 사라지지 않을 것입니다.

손

손을 보면 그 사람의 살아온 이력이 보입니다.
이력서라 할까요?
네일아트로 아무리 예쁘게 다듬고, 칠했어도
불성실한 손은
결코 감동적이지 않습니다.
일하느라 손마디가 굵어졌어도
아픈 이를 쓰다듬고, 어루만져 주고, 눈물을 닦아 주는 손
떠나는 이에게 손 흔들어 주는 손
게으르지 않고 늘 무언가 만들어 내는 손
청소하는 손은 아름답습니다.
때 묻은 영혼을 가다듬고, 깨끗하게 해 주는
교회 목사님의 설교 중 성경의 전도서 11장 1절을
가장 아끼고 따르며 살고 싶습니다.
"네 떡을 흐르는 강물에 던져라 후에 네게 돌아올 것이다"
"네 식물(食物)을 물 위에 던져라 여러 날 후에 도로 찾으리라"
식물을 씨앗으로 설교하시는 목사님
강물 위에 씨앗을 던지면 그 씨앗이 옥토에서 자라
풍성한 수확을 가져온다는 이 구절이 내 인생의 지침이 되어
하루에 적은 액수의 돈이라도, 선(善)이라도 나누려 하는 내게
웃는 지인도 있고, 칭찬하는 친구도 있습니다.
가장 가난한 사람이 가장 좋은 것을 받아야 함에도
사람을 무시하는 사회, 그런 사회에도 선의 꽃은 피고

"네 떡을 흐르는 강물에 던지라"는 말을 품고
헌신의, 헌금의 씨앗을 뿌리는 친구가 아름답기에…
나는 흐르는 시간에 어떤 씨앗을 던지고 있을까? 자문한다.
고대 이집트 사람들의 농사법은
씨앗을 물 위에 던졌다고 합니다.
선행(善行)을 행하고 그것을 물속에 던져라!
어느 날 그것을 발견하게 된다!
여름 내내 피곤했던 머리를 말갛게 해 주는 구절로
남은 인생을 살아야겠습니다.
어느 날 던져 버린 그것을
비록 발견하지 못한다 할지라도….

인성의 재건축, 인품의 리모델링…

살다 보면 인성(人性)이 바로 된 사람이
자손도 잘 되고 스스로의 만년에 존경받고
건강 때문에 눈물 흘리는 경우도 적다고 합니다.
살면 살수록 죄도 많이 쌓이고, 부끄러움도 쌓이는데…
어떤 사람은 말도 덕스럽게 하고
웃는 얼굴이고, 어려운 사람 도우려 하는데
어떤 사람은 늘 화난 얼굴로 돌아보고
그저 '돈' 되는 일에는 물불을 안 가리고
툭하면 저주의 말을 내뿜고 살더니
되돌아올 수 없는 강을 건너 영어(囹圄)의 몸이 되고
가정도 풍비박산되어 가슴치며 후회하는
인생 만년을 보내고 있다고 들었습니다.
식당에서도 착하게 써빙하는 사람은 팁도 받고
저축도 해 가며 차근차근 부자를 향해 가지만
눈을 부라리며 틱틱거리는 사람은
뭐 저런 사람이 있담, 쯧쯧! 앞날이 뻔하다는 소리를 듣고
안하무인 아무에게나 욕하고 소리 지르며 사는 사람은
어느 날 그 욕이 자기에게 돌아가 하늘나라로 돌아서서도
대우를 못 받는다는 이야기 (동화 같지만 사실입니다)
말이 독이 될 수도 약이 될 수도 있음을 그는 모르는지…
말은 복을 누리게도 하고 벌을 받게도 하는 것임을
마흔이 되도록 모르는 사람이 얼마나 가련한가.

툭하면 남의 험담, 약점 잡기, 작은 이권 다툼, 쌍욕…
우리의 운명은 말에 많이 좌우됩니다.
죽는다, 죽겠다, 죽인다는 사람은 비명횡사하고
말이 씨가 되어 오해를 불러 큰 다툼이 일어나기도 하고
말 한마디로 천냥 빚을 갚기도 합니다.
말이 쌓여 품격이 되고, 인성이 되고, 인품이 되는데…
한번 몸에 밴 습관은 고치기 어렵습니다.
말이 행동이 되고, 행동이 습관이 되고
습관이 성격이 되고, 성격이 운명이 된다고들 하는데…
말 습관이 부정적이고 비판적으로 바뀌면 인생도 실패하게 되고
긍정적이고, 덕성스러운 말을 달고 산다면
삶 역시 긍정적으로 변해 성공적 삶을 살 것입니다.
아파트 재건축 현장에서 낡고 썩은 것들은
어디론가 다 철거되어 사라지고 새로운 마을을 만드느라
바쁜 정경을 보면서 나도 나쁜 습관 있으면 고치고
남에게 도움이 되는 습관을 지니고
말로 천냥 빚을 지는 사람이 아니라
만냥 빚을 갚는 사람이 되어 (지혜로운) 아름다운 인생
다시 리모델링해야겠다, 마음을 다집니다.
아무리 화가 치밀어도 상대방의 가장 아픈 곳을
찌르는 사람을 보면서 반면교사는 도처에 있구나
향기나는 말로 재건축되는 새 아파트에

꽃피는 인성이 많기를 기대합니다.
그런 마을에 축복이 자라고 있습니다.
남에게 공포감을 주고
거짓 뉴스만 전하는 사람이 없는
이 마을이 축복받은 마을입니다.

걱정 말아요! 그대

늘 걱정이 많은 사람이 있습니다.
비가 오면 비가 오는 대로 눈이 오면 눈이 오는 대로…
햇살이 너무 맑고 투명하면 그것대로 걱정인 사람.
그런 사람에게 전 모 가수가 노래합니다.
'걱정 말아요! 그대'
걱정을 한다고 달라지지도 않을 일을
걱정하는 것도 참 딱합니다.
스스로에게 불안을 떨치려고 말을 겁니다.
'돈 워리! '
일도 사랑도 한 단계씩 오르면 되니까.

* 「이제야 내 뒤를 돌아본다」(연인M&B, 2018) 에세이 중에서

태양은 가득히

온 마을에 태양이 가득한 늦가을입니다.
노랗고, 빨갛게 물든 나뭇잎이 어찌나 아름다운지!
사람들은 모두 겸손한 눈빛으로 가을 나무를 올려다봅니다.
담배를 피우며, 커피를 마시며
생각에 젖어 있는 사람은 많아도
다투는 사람은 별로 없는 만추입니다.
한 아파트에서 10년 넘게 살아가는 비둘기와 고양이.
어느 날 함께 해바라기하며 대화를 나누고 있었습니다.

"얘!
'구구'야.
너는 나와 친구 사이지."
"그럼! 나는 너밖에 없어."
"그래, 고맙고 다행이다.
그런데 네 고양이 친구 '샛별'이 있잖아?
그 아이는 그토록 잘났니?"
"왜?"
"그 '샛별'이는 거의 매일 거짓말을 하고
그 거짓말을 사실이라고 믿고 있어.
자기가 호랑이래.
호랑이 새끼가 조만간 자라서 동물원으로 갈 거래."
"그런 거짓말을 다 하든?
물론 고양이와 호랑이는 같은 과(科)야.
그렇지만 고양이가 호랑이 새끼는 아니지."

"샛별이가 그렇게 거짓말을 잘하는 줄 나는 몰랐어.
아! 바로 그 증상이다.
재능 있고, 매력 있는 사람이
습관적으로 거짓말을 할 뿐 아니라
자신이 한 거짓말을 사실이라고 믿는 '리플리 증후군'이 있대.
미국 작가 퍼트리샤 하이스미스가 1655년에 쓴 소설
「재능 있는 리플리씨」라는 책 이름인데…
알랭 드롱이라는 배우가 〈태양은 가득히〉라는 영화에서
리플리 역을 맡았었나 봐.
사람들 속에 리플리 증후군이 있는 사람이
꽤 많은가 보더라."

"음… 그래?
거짓말을 밥 먹듯 하는구나.
아직 너한테 사기친 일은 없었지?"
"그럼, 그런데 리플리 증후군처럼
거짓말을 잘하는 18세기 독일에 실존했던
뮌하우젠이라는 남작이 있었는데
리플리 증후군은 자신의 만족을 위해 거짓말을 하지만
'뮌하우젠 증후군'은 다른 사람의 관심을 받고 싶어
거짓말을 하는 거래.
실제로는 몸에 이상이 없는데도
오로지 남의 관심을 끌기 위해

질병에 걸렸다고 거짓말을 하고
자해(自害)하는 증상이라는구나.
그런데 '구구'야.
사람들은
거짓말을 한 번도 안 하고 살 수 있을까?"

"글쎄…
한 번도 거짓말을 안 하고는 살아갈 수 없겠지.
사람은 80평생 살면서
정직하게만 산다면
그이는 정말 훌륭한 사람인데…
아마도 그런 사람은 거의 없을 거야.
누구에게 물어볼까?"
"글쎄…."

'구구'와 '백냥'이는 아무리 생각해도
물어볼 사람이 없다고 생각하며
각자 집으로 돌아갔습니다.
겨울이 오나 봅니다.
바람이 제법 차가워졌습니다.
오늘 지나고 태양이 가득할 내일
또 생각해야겠습니다.

입만 열면 악취가…

뒤뚱뒤뚱 걷는 오리 아주머니는 이제 꽤 늙었습니다.
항상 꽥꽥거리며 집안을 시끄럽게
휘젓고 다니는 오리 아주머니.
그녀는 입만 열면 악취가 납니다.
양치질을 안 해서가 아니라
늘 남의 험담만 하니
나쁜 냄새가 나는 것입니다.
뻐꾸기는 늘 뻐꾹! 뻐꾹! 울고
소쩍새는 솥이 작다고 울고
참새는 쥐방울만한 게 진짜 새라고 뻐기고
비둘기는 구구구 울고
까치는 깍깍 울고
까마귀는 끽끽 울고…

"아이고! 듣기 싫다니까.
우리 오리들은 뒤뚱 걸어도
알도 잘 낳지, 사람들 몸에 좋은 고기도 주지…
닭보다 오리지.
알도 크고, 사람들 혈관에 이롭지."

오리 아줌마도 세월이 흘러
할머니가 되었지만

여전합니다.
입만 열면 꽥꽥, 험담을 합니다.
어느 날에는 은행나무를 도끼로 쳐 베어야 한다고
또 어느 날에는 저 혼자 고상하다고
홀로 된 사랑초를 뜯어 버립니다.
그 할머니 입에서는
뱀, 구더기, 황소, 개구리가 튀어나옵니다.
징그럽고, 무섭습니다.
어느 날에는 자기 남편도 물어 죽이고 싶다고 하질 않나
정말 그 오리 할머니는 무서운 입을 가졌습니다.
눈만 뜨면 남을 헐뜯던 오리 할머니.
이제 그녀는 걸음도 잘 못 걷고
기운도 없어 누워만 지냅니다.
왜 그녀는 한평생 남 험담만 하다가
이 세상을 떠나야 하는지…
그러지 마세요.
말리는 다람쥐를 보며 건방지다며 소리치다가
심장이 정지되었습니다.
그렇게 오리 할머니는 세상을 떠나고
세상이 조금은 조용해졌습니다.

마중물

어릴 적 어머니가 시장에 가시면 돌아오실 무렵.
우리 형제들은 엄마가 보고 싶고
장에서 사 가지고 오실 물건이 보고 싶어
마중을 나갔었습니다.
도착하는 버스를 기다리며
가슴을 두근거리며 기다리던 사 형제.
그들은 모두 60세를 넘어가며 할아버지 할머니가 되어
마중 나갈 일도 없이 속절없이 늙어 갑니다.

어린 시절 살던 집에 펌프가 있었습니다.
한 바가지 물을 조금씩 부어 가며
펌프질을 하면 물은 위로 올라와
쏴-아 쏟아졌습니다.
그 물로 더위도 식히고, 과일도 씻고, 채소도 씻어
먹을거리를 만들었습니다.
이제는…
누군가 사는 것이 너무나 팍팍할 때
그의 마중물이 되려 합니다.

나만을 위한 일이 아니라
사막을 타박타박 걷는 낙타 같은 이웃에게
한 바가지의 마중물이 되고 싶은 시절입니다.

나만 잘 사는 사람이 아니라
함께 목마르지 않게,
춥지 않게 살려는 아름다운 삶.
그런 삶을 모색합니다.
마중물은 정말
맑고, 단 물입니다.

다슬기와 반딧불이

논산시 양촌면에는 물이 좋아
여름에는 아이들의 물놀이가 한창입니다.
대둔산에서 흘러온 물은 차고도 맑았으니까요.
그래서인지 그 개울에는
다슬기들이 올망졸망 많이 살고 있었습니다.
다슬기는 삶아서 살을 뽑아내어 먹으면 건강에 좋다고
어른들은 삶은 물로 요리해 먹기도 했지요.

청정수 맑은 물에만 사는 다슬기.
그 다슬기를 먹고 자라는 반딧불이.
초여름이면 무주에서는
반딧불이 축제를 여는데
양촌에도 반딧불이가
반짝반짝 날개를 펴고 나는 6월경에는
무도회가 벌어질 듯 아름답습니다.
"도깨비불이다!"
아이들은 소리지르며 반딧불이를 따라다니는 밤.
하늘에서는 별들도 웃겨 쳐다봅니다.

다슬기를 먹고 자란 반딧불이.
오래 살지는 못해도
그 아이들의 축제는

삶에 지친 어른들을 달래 줍니다.
"너무 괴로워 마세요. 우리가 있잖아요?"
다슬기가 살지 않는 곳에는
반딧불이도 없습니다.

우리에게도 희망이 없다면
미소도 지을 수 없습니다.
반딧불이에게, 사람에게
자기를 내어 주는 다슬기가
고맙기만 합니다.

먹을 때 목이 멥니다.
하긴 우리 사람들에게
자기의 모든 것을 바치는
생물이 한두 가지가 아닙니다.
그들에게 고마움을 전합니다.
모두 고마워요!

두 그루 은행나무

양촌이라는 시골은
햇볕이 유난히 잘 들고, 따뜻해서
딸기농사가 잘 되고 맛도 뛰어나
어디서나 인기였습니다.
그 마을에는 사람 보기가 힘들었습니다.
왜냐구요?
딸기농사, 상추농사 짓느라
비닐하우스에 들어가 있어 사람 보기가 힘들고
거의 다 60이 넘은 노인들만 살았습니다.
자식들은 모두 큰 도시로 가서 대학을 마치고
그곳에서 취직, 결혼해서 살고 있기에
아이들 보기도 쉽지 않았지요.
다문화가족들도 꽤 있었습니다.
그런 마을에 어머니가 돌아가시자
은퇴하고 돌아온 고급 공무원도 있고
몸이 아파 고향으로 돌아와
병을 다스리는 사람도 있었습니다.

새들이 떼 지어 날고 햇살이 가득한 동네 양촌(陽村).
그곳에 대학에서 정년퇴직하고
집 짓고 사시는 명예교수도 계시고
법제처에서 고위층에 계시던 훌륭한 분도 계시고

유치원을 33년이나 운영하던 詩人도 계십니다.
그 마을에 있으면 머리가 안 아프고
복잡하던 생각이 정리가 되어
두통약이 필요 없다며
여류 시인은 행복해합니다.

범죄가 없는 마을.
딸기 맛이 최고인 마을.
그 마을에 시인이 집을 지었습니다.
호박돌로만 지었습니다.
창도 둥글게 만들었습니다.
정원은 따로 없어도
온통 그 시인의 정원입니다.

산으로 둘러싸여
대나무, 소나무, 편백나무, 뽕나무, 모과나무… 회화나무
그중에 감나무가 제일로 많이 있지요.
감이 열리면 어찌나 예쁜지!
바라만 보아도 행복했습니다.

마당에 두 그루 은행나무가 100년이 넘었다는데
한 번도 은행이 열린 적이 없었답니다.

왜냐하면 너무 가까이 심어서…
좀 떨어져 있어야 열매가 열린다는데…
좀 거리가 있는 곳에
첩(妾) 나무를 심으면 열린다는데…
시인은 그것을 못합니다.
아니 하지 않습니다.
둘이 그토록 다정하게 오랜 세월 살아왔는데
첩 나무를 심는다는 것은
참으로 잔인하고, 유치하니까요.
은행은 필요 없고…
늦가을에 노랗게 물든 나뭇잎이 떨어져
카펫처럼 쌓이면
그게 그토록 아름다우니 뭐가 부럽겠어요?

그 은행나무처럼
노(老)교수와 시인은 늙어 갑니다.
남들 보기에도 아름답게 말입니다.
너무 가까워도 안 되는 관계가 있나 봅니다.
은행나무처럼!

어리석은 호랑이

한국에만 있는 호랑이가 점점 줄어든다고 합니다.
보기만 하여도 오싹 소름이 돋는 호랑이.
어흥!
어슬렁어슬렁 호랑이만 나타나면
다른 동물들은 무서워 달아나거나 몸을 조아리며
호랑이 마음에 들려고 야단입니다.
"어흥!
이 세상에 나처럼 잘 생기고, 힘이 센 동물이 또 있더냐?
더 맛있는 고기를 잡아다 바쳐라."

짐승들은 호랑이의 눈치를 살피느라 야단입니다.
저놈은 좋은 동물원에 있지도 못하고
매일 숲속에서 도토리나 줍는 놈.
저놈은 깡충깡충 뛰면서 도망가기 바쁜 놈.
저놈은 나를 피해 날개를 펴고 하늘을 날아가지만…
보잘것없는 까마귀야.

호랑이는 늘 작은 짐승들을 깔보며
숲속 호텔 뷔페집에서 맛난 음식으로 배를 채웁니다.
그렇게 하루, 이틀, 사흘.
한 해, 두 해 흘러가고
호랑이도 늙었습니다.

호숫가에 가서 자기 얼굴을 비춰 보니
축축 처진 눈매며 헝클어진 털이며
영- 마음에 안 드는 늙은 호랑이일 뿐…
어느 가을날 몹시 아파
병원에 가니 몹쓸 병에 걸렸다고 합니다.

자기가 숲속의 왕이라고 뽐내며 살았기에
어느 누구도 문병 오지도 않고 외로워 울 뿐입니다.
그동안 뽐내며 살아온 세월이 부끄러울 뿐…
진즉 다른 작고, 힘없는 짐승들에게 잘해 줄 것을…
후회해도 소용없습니다.

늙은 호랑이는 새들의 노랫소리를 들으며 죽어 갑니다.
다음 세상에 또 온다면
작고, 여린 친구들에게 자기 것 나눠 주며
그렇게 살아야지 다짐하며 눈을 감습니다.
참다운 깨달음은 잃어버린 후에야 온다고 했는데…
죽어 가며 깨닫는 호랑이.

새들은 그를 둘러싸고 앉아 노래합니다.
"얘들아!
우리는 이슬도 나눠 마시고

곡식도 나눠 먹고
아픈 식구 돌보고
좋은 학교 못 다녔다고 깔보지 말고
아름답게 살자."
"응! 그래. 그렇게 살자.
그런데 이 죽은 호랑이는
어떻게 하지?
우리가 땅에 묻어 주자."
작은 부리로 조금씩 조금씩 땅을 파고
호랑이를 묻었습니다.

하늘에서 흰 눈이 펑펑 내립니다.
숲속에 평화가 찾아온 날입니다.
12월 24일입니다.
어디선가 성탄절 노래가 들려옵니다.

빛나는 할머니

할머니들이 아파트 공원에 앉아
이 얘기 저 얘기꽃을 피우고 계신
오후였습니다.

"우리 며느리는 김치 하나도 못 담그고 다 사 먹어요."
"아, 직장에 나가랴 시어머니 모시랴 틈이 있겠어요?"

노란 은행잎이 뒹구는 공원에는
은빛 할머니들의 이야기가 도란도란 들려오고
스마트폰을 들여다보며 학교에서 돌아오는 아이들.
장을 봐 오는 주부들.
산책 나온 강아지들도…
한 편의 그림을 보는 듯 평화롭습니다.
그런데…
머리카락이 은색인 한 할머니는
가방에서 책을 꺼내 읽고 계십니다.
가끔 고개를 끄덕이기도 하면서
미소를 짓기도 합니다.
아! 그렇구나.
할머니는 요즘 책 읽는 재미가 제일이라고 하시면서
아파트에 있는 작은 도서관에 다녀오시곤 합니다.

도서관에 들어서면 왠지 배가 부르고 어깨가 펴집니다.
아들들은 다 대학에 보내고
딸 하나인 할머니는 대학에 못 간 대신
직장생활을 예쁘게 하셨습니다.
늘 가방에 책을 넣어 가지고 다니면서 꺼내 읽었습니다.
동네에서 제일 큰 강아지 '설'이가 보면
그 할머니가 제일 빛이 나는 듯했습니다.
박사학위를 딴 언니보다
그 할머니의 모습이 더 빛나 보였습니다.
할머니는 시간을 아껴 책을 읽어
머리에, 가슴에 '지혜의 도서관'이 한 채씩 들어 있습니다.
지식이 많은 사람은 많지만
지혜로운 사람은 그리 많지 않습니다.
'설'이는 빛나는 할머니 곁에서
할머니의 향기를 맡으며 잠이 들었습니다.
바람도, 국화도 모두 할머니에게
존경의 눈길을 보냅니다.
빛이 나는 할머니.
할머니가 정말 아름답습니다.

마지막 인사

인사만 잘 해도 성공할 수 있다고
새끼 곰은 아빠 곰에게서 배웠습니다.
공손하게!
날씨에 맞게!
상대방이 여우든, 고라니든, 고양이든
먼저 인사를 고개 숙여 하고 나면
모든 일이 순순히 풀린다는 것입니다.
새끼 곰도 세월 따라 성장해서 어른이 되었고
숲속 어디에서나 곰을 칭찬하는 소리가 들렸습니다.
"곰 아저씨는 정말 멋져요!"
새들의 칭찬이 하늘을 향해 날고
밭을 갈던 두더지들의 칭찬이 땅을 파고 내려갑니다.
"아이고, 그 곰은 어릴 적부터 인사성이 밝았어요.
항상 웃는 얼굴로
안녕하세요? 이렇게 인사하면
사냥꾼들에게 쫓기다가도 행복했다니까요."
그렇게 곰은 숲속에 행복 바이러스를 퍼뜨렸습니다.
언제 어디서나
밝게 웃으며 인사하던 곰 아저씨.
그가 어느 날 병이 들어 그 병과 다투다가
결국 세상을 떠나게 되었습니다.
숲속 친구 모두에게 인사를 하고 떠나야 하는데…

마이크도 없고, 편지 쓸 기운도 없으니 어쩌나?
인사도 없이 가 버리면
친구들이 얼마나 섭섭할까?
아, 그래!
산에는 메아리가 살고 있으니
메아리로 인사를, 마지막 인사를 하자.

"친구님들!
그동안 행복했어요.
내 마지막 인사를 받아 주세요.
사랑했습니다.
행복하세요."

산에 살던 메아리를 듣고
모든 친구들은 손을 흔들며 눈물을 흘렸습니다.

"하늘로 이사 가는 곰 아저씨!
사랑했어요!
행복했어요!
우리도 하늘로 이사 가면
곰 아저씨! 반갑게 맞이해 주실 거죠?
사랑했어요!
행복했어요!"

나무들도 잎을 흔들며 하늘로 가는
곰 아저씨를 배웅했습니다.
인사만 잘해도 사랑받을 수 있습니다.
마지막 인사도 없이 떠난 꽃뱀 아가씨.
아가씨도 하늘에서는
행복하게 착하게 살아요.
숲속에서는
아름다운 음악이 들리고
곰 아저씨는 행복하게 떠났습니다.

아그리나

코로나 포비아가 전 세계에 팽배해 있는 요즘.
우리는 '외로움'이 가장 힘든
감정이라는 것을 새삼 깨달았다.
얼마 전 작고하신 어머니는
이렇게 말씀을 하시곤 하셨다.

"외로움이 제일 힘들다."

어머니는 자식도 다섯이나 되고
남편도 살아 곁에 계신데 왜 외로우신가?
너무나 이성적인 딸들은
그 심경을 헤아리지 못하고
엄마가 별난 분이라고 했다.
청소하는 아주머니가 오실 무렵이면
계단에 앉아 기다리셨다는 어머니.
어머니께 한이 되는 것은
어머니, 엄마의 말동무가 되어 드리지 못하고
늘상 바쁘게 살아온 일상이…
떠나시고 난 후 폭풍처럼 밀려오곤 한다.

말로는 사랑한다면서
우리는 얼마나 부모님의

외로움을 덜어 드리고
부축해 드렸던가?
자기 자식들에게 바친
사랑의 백만분의 일 만이라도
외로움이 제일 힘들다! 호소하시던
어머니께 바쳤다면…
이토록 가슴 아프지는 않을 텐데…
우리는 사랑하는 사이, 아그리나!
'아그리나'는 순수한 우리말로
사랑하는 우리 사이라는 말이라고 한다.

코로나 여파로 떼어 낸
간판이 쌓인 곳에
순수한 우리말은 없다.
영어로, 이태리어로, 라틴어로
뜻 모를 이름들이다.
피눈물 흘리며 떼어 낸 간판.
그 이름은 이제 사라져 간다.
사람과의 전쟁도 무섭지만
바이러스와의 전쟁은 정말 두렵다.
한 가지를 막아 내면 교활한 바이러스는
또 변이로 더 빠르게 사람을 교란시킨다.

사랑하는 부부 사이에도 서로 경계한다.
혹시 그녀가, 그이가
코로나바이러스를 데리고 온 것은 아닌가?
가까이하기엔 먼 당신이 되었다.
아무리 반가운 친구라도
덥석 손을 잡고 끌어안지 못하고
주먹 쥐고 인사하고 거리를 둬야 하는 현실에
사람들의 외로움은 우울감으로
우울증으로 겪고 있으면서
함께 웃고, 웃으며 대화하던
그때를 그리워한다.
언제나 우리 만날 수 있을까?

마스크를 쓰고 말하려니
잘 못 알아듣게 되고, 힘겹다.
관공서에 가면 필요 이상의 큰 소리로 얘기하니
불쾌해서 묻는다.
"왜 그리 크게 얘기하시는데요?"
"아! 잘 못 알아들으셔서 그래요."
거의 화난 표정이다.
입술이 안 보이니 웃어도 눈웃음으로만 보여야 하니…

젊은 연인들은 끌어안고 걷고 등을 토닥이며 걸으면서
우리는 사랑하는 사이 '아그리나'라고 얘기하지만…
전화로만 안부를 묻고 근황을 얘기하는
노년층은 몹시 외로워한다.

코로나에 걸려 일주일 만에
하늘로 돌아간 남편을 그리워하며
한 여인은 이렇게 말한다.

"살아 있을 때, 사랑한 때보다
미워서 몹시 미워서 힘겨워했어요.
그런데 이렇게 가고 나니
못해 준 것만 생각나요.
주름살이 많이 늘어나도
내 얼굴 주름살만 안타까워했고
검버섯이 늘어나도
내 얼굴의 기미만 안타까워했고
나만 챙겼어요.
아프다고 하면 병원에 가라 했고
많은 연금 타면서도 지갑을 안 여는
그이에게 구두쇠라 했고…
나는 이제 외로움과 어떻게 친해져야 할까요?"

자연을 학대했지만 우리 인간은
자연을 이길 수 없듯이 절대로!
우리의 '사랑'은 외로움과의 싸움에서
이길 수 있는 유일한 '다리'라고 생각합니다.
불교에서는 다리를 건너가야 하는 사람에게
돌다리라도 놓아 주는 사람이
가장 큰 자비, 덕을 베푸는 것이라 한답니다.
저쪽으로 건너가야 하는 개울가에서
손수 돌로 징검다리를 놓아 주는 사람
그런 사람이 되어야 함에도
늘 남의 험담, 저주로 다리를 없애는 사람은
과연 사랑하는 사람이 곁에 있을까요?
사랑하는 사람에게 가는 다리를 놓으며
이 코로나 시대를 건너간다면
그는 외로움을 쫓아내고
'아그리나! 사랑하는 우리 사이'를
자기 간판으로 삼아 아름답게 살아가지 않을까요?
그녀에게 이렇게 말하자, 그녀는
눈물을 흘리며 고개를 끄덕인다.

아이들도 사랑받게 해야 더 예쁘듯
나이 든 사람들은 입만 열면

꽃향기가 나오고
칭찬하는 다리를 만드는
손이 되어 노년을 산다면

외로움이라는 힘겨운 존재는 사라지고
우아하고, 향기로운 세월을
엮어 갈 수 있다고 믿는다.
늙으신 할머니가 늘상 입만 열면
남의 약점만 들추어 코로나보다
더 무서운 바이러스를 퍼뜨린다면
마스크로도 막기 어려울 터.
애정 결핍인 그 노인에게
더 많은 '사랑'을 다리 놓아 주고
처방전을 써 드릴 수밖에 없을 듯하다.

'아그리나!'
사악한 당신도 사랑합니다.
원수도 사랑합니다.
입만 열면 남의 눈 티끌 하나 흉보며
자기 눈 티끌 만 개를 보지 못하고

세상 떠나 하늘나라 갈 때

준비 하나도 하지 않고
남을 괴롭히고, 고소하고
사랑을 모르는 사람이여! 사랑을 하시라.
덮어 주고, 안아 주고
감싸 주고, 칭찬해 보시라.
다 떠난 사람들
다시 돌아오리라.

'아그리나!'
우리는 사랑하는 사이!
깊이 생각하면 기품이 되고
사랑을 많이 베풀면
경주 최 부자 같은
품격 있는 부자가 될 것이다.
남의 험담으로 세월을 보낸 사람이여!
그대가 제일로 초라하고, 가엾다.
눈물이 날 정도로 불쌍하다.

* 「손님이 찾아오셨습니다」(연인M&B, 2021) 우화에세이 중에서

영혼의 빈방(房)

때때로 고독이라는 거대한 파도에 휩싸이곤 한다.
음악을 듣거나 혼자 명상을 하거나
하지만 그 파도는 쉽게 물러가지 않는다.
살아온 내내 고독했지만 이제는
외로움이라는 더 쉽지 않은 친구에게 덜미를 잡히곤 한다.
아흔 가까운 어머니께서 자식 다섯에 남편과 해로하시니
다복하다고 느껴지는 어머니께서
예순 즈음에 얘기하곤 하셨다.
"외로움이 제일 힘들어!"

왜 자식도, 남편도 다 있는 분이
저런 말씀을 하시는 것인가?
우리는 이해를 못했었다.
이제 내가 어머니의 그 심경을 알겠다.
젊은 날의 고독이야 멋스러웠지만
외로움은, 예순 즈음의 외로움은 정말 두렵다.
때때로 끈 떨어진 연처럼

바람에 이리저리 날리는 나를
하염없이 바라본다.
어머니야 큰딸인 내게 외로움이 힘든다고
토로(吐露)하실 수 있었지만
나는 그저 견딘다.

산책과 독서 그리고 음악으로…

영혼이 맑은 사람들은
타인(他人)의 미래도 내다볼 수 있다고 하는데
나는 나의 미래도 내다보지 않는다, 아니 못한다.
그리고 빈방(房)에 앉아 지난날의 수첩을 뒤적여 본다.
봄에는, 여름에는, 시월의 어느 멋진 날에는…
그러다 보면 내 영혼의 빈방에
지난날들이 들어와 도란도란 얘기를 나눈다.

어제 없는 오늘이 있을 수 없고
오늘 없는 내일이 있을 수 없기에

나는 영혼의 빈방에
어제도, 오늘도, 내일도 초대해 놓고
홀로 그들과 대화(對話)를 나누는 것이다.
그리하다 보면 외로움은 슬며시
빈방에서 나가고 한동안은 찾아오지 않는다.
책이 꽉 찬 서재보다
영혼의 빈방에 홀로 앉아 있을 때
나는 한결 충만해지고, 외로움을 보낼 수 있음에…
감사하며 산다.

내게 가장 힘든 일
―작별(作別)

사노라면 어쩌다가 넘어지기도 하고
어처구니없어 망연자실할 때가 벌어지기도 하고
감사가 넘쳐나는 때가 있기도 하다.
그러다 보면 뜻밖에 손님, 병(病)이 찾아와
겸손을 가르치기도 하고
나는 저렇게 늙어 가면 안 되겠다!
다짐하기도 하면서
좀 더 우아한 노년(老年)을 꿈꾼다.
감사한 일이 더 많았지만, 힘든 일은 대부분
사람들과의 관계에서 왔고
새로운 꿈은 하나님에게서 왔다.

어느 날, 17년이나 우리 가족과 함께한
'봄'이라는 반려견을 안고 딸이 찾아왔다.
이제 막 40이 된 작곡가인 딸
그 여인(?)은 입시생 레슨 때도 '봄'이를 데리고 다녔고
그 어떤 날에도 '봄'이 아가씨를 애지중지했다.

미국 유학 갈 때, 그 딸아이는
자기가 하고 싶은 공부를 따라가며
'봄'이를 본 척도 하지 않고 큰 가방에
자기 소지품을 담아 미국 보스턴으로 떠났고

집에 남은 '봄'이는 그날부터 열흘을
현관에 앉아 하염없이 언니를 기다렸다.
열흘이 지나자 내 품에 안겨 한참을 울었던 '봄'이.
함께 산책하며, 달리며 언니를 잊으려 애썼고
봄날이 가고 오고… 그렇게 3년여의 시간이 흐르고
언니가 음악 공부를 최우등(수마쿰라우데)으로 마치고 돌아왔을 때
'봄'이는 언니에 향한 서운함으로 아는 척도 하지 않았다.
그러기를 하루, 이틀 사흘이 가고
언니 품에 안긴 봄이 나이 일곱 살
그들은 또 행복한 자매가 되어 우애를 나누며 나이 들어 갔다.

딸이 속상할 때 가장 많이 위로가 되어 준 '봄'이
언니가 결혼을 하고 함께 살며
'결혼'이라는 사랑의 행복한 장례식에서 힘을 북돋아 주고
많이도 흘렸을 언니의 눈물을 핥아 주면서… 늙어 갔다.
평균 수명으로 열 살이 넘어가면 사람 나이로 노년이라 했다.
차츰 눈도 잘 안 보이고, 잘 걷지도 못하고
그러면서도 늘 언니를 지켜 준 '봄'이 아가씨.
그 아이가 없었다면 외동딸인 작곡가는 얼마나 외로웠을까?
사노라 힘들 때면 늘 가슴으로 파고들어
'언니! 괜찮아? 삶이란 다 그런 거야!'

외동 자체가 병이라는 학자도 있지만
외동딸 같지 않게 대인관계 지능도 좋고
특히 음악 지능이 뛰어난 것은
엄마의 교육 덕이 아니라
'봄'이라는 강아지의 사랑이었음을…
나는 그 누구보다 잘 알고 있다.

"엄마! '봄'이가 떠날 때가 되었나 봐요.
어쩌면 마지막일 수도 있어 데리고 왔어요.
한번 안아 보세요."
나를 올려다보는 '봄'이의 그 예쁘고 유순한 눈!
마치 갓난 강아지 같다.
흘러내리는 눈물, 17년을 한결같이
사랑만 주고 떠나가는 '봄'이!
그 아이의 장례식을 치르며 애도의 시간을 갖고
유골을 담은 상자(작은)를 들고 돌아오던 길
우리는 아무런 말도 할 수 없었다.

'고마워!
미안해!
사랑해!
다시 만날 거야.'

딸의 눈물, 사위의 눈물
눈물이 흐르고…
아! 다시는 이런 사랑 없을 거야.
다시는 이런 작별 못할 거야.
'봄'이의 맑은 눈이 우리를 위로한다.
다시 만나요!
사랑해요!

살면서 제일 힘이 드는 일…
내게는 작별이다.
'봄'이는 무지개다리를 건너갔지만
'봄'이의 동생 '햇살'이는 아직도
우리를 지켜 주는 초여름이다.

내가 가장 좋아하는 단어
-축복

어느 초라한 요양원에 모싯잎 송편 몇 상자 보냈더니
'복 받으세요!'라고 직원들이 인사를 한다.
복 받으세요.
복이 조금은 부족한 인생을 살아왔기에 가슴이 뭉클하다.
'남편 복이 있어야 자식 복도 있단다.'
이런 말은 자주 들었지만 '그럴 리가… 없을 것을.' 하고
냉소적이었는데 이제는 고개를 끄덕이게 되었다.
감사할 점이 적지 않지만…
그 말이 할머니들의 경험에서 우러난 말이기에
맞다!고 생각하게 된 것이다.
곱게 단풍 든 시월의 끝자락에서 놀랍게 늙어 버린
낯선 나를 거울 속에서 발견하고 화들짝 놀란다.
아니! 저 여인이 나란 말인가?
거울이 잘못 비쳐 준 것이겠지.
그런데 슬프게 애잔하게 웃는 여자가
'바로 너야!'라고 말해 준다.
그래도 아직은 우아하니까, 품위 있으니까
자위하며 눈물을 닦는다.

요즘은 성당에서 반려견, 반려묘도 축복식을 한다는데
나도 축복식에 가고 싶다.
무지개다리를 건넌 '봄'이라는 강아지가

하늘나라로 간 날을 기념해 뉴미디어 음악박사인 딸은
레슨실('모티브'라는~) 두 개를 지니고 레슨과 강의에 바쁘다.
여섯 마리의 강아지도 단독주택에서 키운 적이 있고
유치원 마당에서 '타라'와 '여름'이라는 고양이도 키웠었다.
그 아이들은 내 목소리만 듣고도 달려왔다.
내 사무실 문 앞에서 기다리고 있었다.
지금 14년을 함께 사는 '햇살'이라는 강아지는
함께 살며 애틋하게 희로애락을 나눈다.
외로워하는 나에게 '햇살'이는 어떤 친족보다 위로가 되어 준다.
'왜 그렇게 강아지를 안고 다녀요?' 묻는 문우에게
'행복하니까요.'라며 웃는 나를 그 시인은 고개를 갸우뚱거린다.

반려견, 반려묘는 결코 배신하지 않고 사랑을 준다.
요즘 거의 모든 사람들이 대면하기 어려운 사람 친구 대신
강아지를 데리고 산책하고, 고양이와 사랑을 나누고 있다.

'유녹'이라는 카페에도 고양이가 먹을 수 있는
사료와 간식, 물을 준비해 놓고 있어 흐뭇하다.
고양이 식탁이 멋지다.
바쁠 터인데 그 고양이(엄마 고양이, 딸 고양이)를 챙기는
알바 여성이 아름답게만 보이고
청년의 어머니 이름 윤옥에서 가져온 '유녹'이라는 카페가

그 동네의 명소가 되어 감에 기쁘고, 흐뭇하다.
젊고 유능한 청년에게 존경심이 든다.
우리 인간보다 그들이 더 귀한 듯 느껴진다는 친구도 있다.
말을 못하기에 거짓말도 없고, 사기 치는 일도 없고,
사람을 해코지하고 도망치지도 않는 족속들
나무처럼 소중하다.

요즘 아름다운 소식을 만났다.
요구르트를 배달하는 아주머니가 소식을 전해 주었는데…
병에 걸려 죽어 가는 길고양이를
동물병원에서 약을 사다 먹여 살렸는데…
동네 반찬가게 사장이 집을 만들어 주어
그곳에서 행복한 건물주가 되어 잘 살고 있다는 소식!
나쁜 사람들이 발견하고 혹여 학대할까 봐
얼굴도 예쁜 반찬가게(동이라는 이름의~) 여주인은
집 위에 CCTV도 설치했다.
고양이는 싫다고 학대하는 사람을 용서할 수 있을까?
고양이가 있어 쥐가 없지 않은가?
고양이와 함께 있으면 심장질환이 줄고
두통도 가라앉는다는 보고도 있다.
사노라면 힘겹고, 눈물 나는 때가 많은데
우리는 그런 귀여운 생명체를 보호해 주면서

아름다운 마음을, 사회를 만들 수 있다고 믿는다.
생명 있는 것들을 품어 주고, 사랑하면서
우리 또한 병원에 다니면서 예뻐지는 것보다
훨씬 더 깊고 애틋한 아름다움을 지닐 수 있다.
확실한 처방이다.

'축복'이라는 단어가 어찌나 좋은지!
축복교회에 가면 축복받을 수 있을까?
전염병 코로나를 피해서 살아온 3년여
전쟁하는 나라를 보며 살아온 날들.
'이렇게, 저렇게 가슴을 쓸어내리며 살다 보니
모든 게 축복이었다!'고 친구들은 말한다.
그런데… 어느새
가을도 깊어지고 겨울이 오고
한해의 끝자락이 보인다.
나이 어릴수록, 나이 들수록 동물들을
사랑하며 측은하게 여기며 그들에게
축복이 함께하기를 빌게 되는 것은
큰 축복은 어릴 때부터 와서
늙어 감에 더 선량해진다는 잠언을
아름답게 품어 안고 살기 때문일까?
이제 곧 하얀 눈이 축복처럼 내릴 것이다!

좋은 친구 한 명만 있어도…

가을이 깊어 가면서, 나뭇잎이 물들고
그 나뭇잎이 하르르 떨어지면 그때부터
나이 든 여인들은 더 외로워진다고 한다.
친구가 늘 많은 친구도 눈매가 서늘해지고,
늘 고독해 보이는 친구는 가슴에 방(房)이 생겨 괴롭다고 한다.
그 빈~방에는 책과 편지, 일기로 가득 차 있지만
가을의 빈방에는 바람만 불고…
누구에겐가 전화를 걸어 하소연하고 싶어도 망설이고 만다.
친구란 어떤 존재인가?
기쁠 때, 슬플 때, 억울할 때… 그 어떤 때라도
부르면 대답하는 사람을 친구라 할 수 있다.
이리저리 삶에 시달려 괴로울 때
언제나 부르면 대답하는 사람
한 명만 있어도 겨울이 오고 있는
텅 빈 들녘에서도 외롭지 않다.

어느새 11월, 12월 연말이 되고
수첩을 정리하다 보면 이제는 이 세상을 떠나
아무리 불러도 대답이 없는 친구가 서너 명이나 된다.
언제 만나지? 늦가을에 만나자!
했는데 그 사람은 그만 떠나고
그의 부드러운 미소와 목소리만 남았다.

누군가 나를 만나고 싶어 할 때
나는 딴전 부리며 다음에 보자 했는데
이제 그는 어디에도 없으니…
곁에 있을 때 더 사랑하지 못한 내가 한심할 뿐이다.

좋은 친구란… 언제 어디서나 내편이 되어 주고
부르면 바로 대답하고 달려와 주는 친구인 것이다.
늘 자기 잇속만 밝히는 이는 언젠가
홀로 통곡하며 홀로 길을 갈 것이다.
늘 애처로운 시선으로 약자를 돕고
가난한 이를 위해 지갑을 여는 이는
늘 서너 명의 친구가 포진하고 있다.

재산이 많아도 깍쟁이여서
손 시린 친구에게 장갑 하나 못 사 주는 사람!
항상 자기만 생각하는 이기주의자는 언제나 마음이 시리다.

가을이 가고 겨울이 오는 길목에서
따뜻한 목도리를 사고, 늘 전화 하면 바로바로 대답하는
좋은 친구에게 선물하리라 가슴이 술렁인다.
나 스스로 보다 남에게 더 따스한 사람!
걱정을 나누는 사람! 그런 친구에게

어떤 선물을 할까?
소녀처럼 설레이며 선물을 고르러 간다.

바바리코트 사이로 찬바람이 지나가고
머리카락 헝클어지지만 친구 생각에 신이 난다.
부자는 아니어도 좋은 친구가 서넛 있으니
이 연말에 무얼 애달파할까?
몇 배나 오른 아파트를 사 두지 않았어도

북유럽 여행 못 갔어도
아름다운 우정을 꽃피우는 사람들은
가슴에 빈~방이 생겨도 금세 꽃향기 그윽해진다.

사노라면…
뒤돌아보면 금세 한 해의 끝자락이다.
더 많이 덕(德)을 쌓고, 사랑을 쌓아
가슴에 빈~방을 채우리라 다짐하는 초겨울이다.
좋은 친구 한 명만 있어도 행복하다. 충분히!

백만 송이 장미

꽃집에 가면 요즘은 괜시리 부끄러워진다.
이토록 아름다운 꽃들 속에서 향기 나는 꽃은 드물고
색깔만 화려한 꽃도 있고, 애잔한 호소력으로
내 가슴에 들어와 앉는 꽃도 있다.
야생화를 좋아하고 그중에서도 작은 제비꽃
향기 그윽한 찔레꽃을 좋아하는 나는
장미를 좋아하지는 않는 편이다.
가시에 찔려 봤기에 조금 다가가기에 꺼림직하다.
장미에 가시가 없으면 장미가 아닐 텐데…
장미와 나는 이미지부터가 영~ 달라서 그런가?

'백만 송이 장미'라는 러시아 음악이 좋아 자주 듣는데…
들을 때마다 눈물이 흐른다.
백만 송이 장미는 한국에서는 S모 가수가 부른 노래다.

먼~ 옛날 어느 별에서 내가 세상에 나올 때
사랑을 주고 오라는 작은 음성 하나 들었지
사랑을 할 때만 피는 꽃

백만 송이 피워 오라는 진실한 사랑을 할 때만
피어나는 사랑의 장미

나는 이 가사를 들을 때 눈물이 흐른다.
백만 송이 장미는커녕 백 송이 장미나 피웠을까?
가시에 찔릴까 두려워 피해 다녔나?
나를 사랑해 주신 동료, 어머니, 친구…
그들에게 나는 한 송이 장미로 피어났었을까?
교회도 안 다니신 어머니께서 천국으로 가고 싶으셔서
임종 무렵, G목사님의 기도를 받고 싶다 말씀하셨을 때
나는 그것도 못 들어 드린 딸이다.
목사님의 기도 한번으로 천국에 갈 수 있을까?
수시로, 틈만 나면 기도하는 사람들
하늘나라 축제에 갈 수 있을까? '자기'밖에 모르는 이기주의자
남에게 진정한 사랑을 주어 보지 못한 사람들
어려울 때, 슬플 때! 그럴 때만 장미를 피운다면
몇 십 송이 장미를 피울 수는 있겠다.

가정의 달 오월!
장미는 꽃집에서 가장 많이 팔린다고 한다.
나이가 90이 넘었어도 장미 한 송이 피워 보지 못하고,
사랑하는 사람에게 바쳐 보지 못한 구두쇠 할아버지
이제는 하루에 몇 송이씩 장미, 사랑의 장미를 피워 보세요!

어버이날, 어린이날, 그런 날에만 장미를 피운다면

어느 세월에 백만 송이를 피우고
어느 별나라로 초빙되어 갈 수 있을까?
스스로는 사랑이 많은 사람
휴머니스트라고 자부했지만…
내가 태어날 때, 어느 별에서 들려왔던 소리!

'백만 송이 장미를 피워 오라!'
그 소리에 과연 얼마나 순종했는가?
부끄러워 손수건까지 꺼내들고 눈물을 흘린다.
손수건이 젖었다.

맑은 물에 눈물을 씻어 내리라.
그리고 하루에 한 송이 장미라도 꼭 피워 내리라.
그 길이 내가 아름다워지는 길이다.

의학의 힘으로 아름다워진 모습은 금세 사라진다.
원수도 사랑하자!
때때로 나를 괴롭히는 모든 사람들도 사랑하자.
그리해서 백만 송이 장미를 피워
그 아름다운 별로 가리라!

긴~ 터널을 지난다

운전을 하다 보면
복잡하던 가슴이 조금은 정리되고,
거리 풍경에 섞여 지나노라면
삶의 애환이 조금은 엷어지기도 한다.
버지니아 울프의 수필 〈자기만의 방〉이
내게는 경제력이고
운전하는 하얀 차 한 대이기도 하다.
혼자 드라이브하면서
붉은 단풍, 노란 은행잎을 보며 음악을 들을 때
실타래처럼 엉켜 있던 생각들이
조금씩 정리되고, 다듬어지고…
그러다가 긴~ 터널을 지나면서 기다림을 또 배운다.
그래! 이 터널을 지나면 밝은 거리가 나오고
나 또한 새로운 길로 달릴 수 있다.
아름답게 산다고 노력했지만…
때때로 긴~ 터널을 지나듯 했고
나쁜 사람을 만나면 저주하기도 했었다.
복수는 내가 하지 않는다.
내가 믿는 하늘 아버지께서 대신해 주실 것이다.
겉으로 배어 나오는 우아함과 교양도
'나쁜 사람'을 저주할 때는 조용히 사라지고…
기도도 소용없음에 눈물 흘리기도 한다.

도무지 끝날 것 같지 않은 나쁜 사람과의 인연은
긴~ 터널 같다.
그래도 터널의 끝은 있었다.

나를 사랑하던 사람들
하나, 둘 떠나고 속절없이 노화되어 가면서
그래도 사랑받을 자격 있는 아이들을 보면
'어둠'의 역에서 '밝음'의 터미널로 도착한 듯
내 마음에 꽃이 피어난다.
33년 운영하던 유치원이 쉬고 있는 동안
나는 행복하지 않았다.
아파트 재건축 때문에 쉬게 되어 불행했다.
그런데 이토록 온 세계가 불안할 때
아무리 출산을 장려해도
여인들은 결혼도, 출산도 두렵다고 한다.
기후 문제
전쟁 문제
환율 문제…
이 와중에 왜 어렵게 아이를 낳아 기르느냐 묻는다.
차라리 사랑을 주기만 하는 강아지를 키우며
이 삶의 터널을 지나겠다고 한다.
봄, 가을은 짧아지고

여름, 겨울은 길어진 우리의 환경
미친 듯 오른 집값이 이제 내려오고 있지만…
MZ세대들은 마음 편하게 집 마련하기도 어려운 형편
낙엽이 뒹구는 시월의 어느 멋진 날
노인들은 단풍 구경 가기도 두려워하면서 떨고 있는 가을
요즘 세상은 끝이 없는 긴~ 터널 같다고
젊은이들은 우수에 젖었다.

사랑하던 사람들
지고지순하게 나를 도와준 사람들
하나, 둘 떠나 버린 거리에서 눈물이 흘러내린다.
인생이라는 장애를 겪으면서 그래도
자연에게 맡길 수밖에 없는 사람들
터널을 지나면서 한없이 너그러운 자연과 귀여운 동물들
그들을 사랑하며 살 수밖에 없음을… 다시 깨닫는다.

인생의 화양연화가 지났어도
그래도 터널의 끝은 곧 나타날 것이다.
한 편의 영화 같고
한 편의 시 같은 인생!
파랗기만한 늘 푸른 나무보다
가을 되면 단풍 들고 하르르 지는 나무가 더 아름답다.
인생 또한 그렇지 않을까?

아버지의 겨울

코로나19 이후로의 시간들은
공포로 빼앗긴 느낌이 드는 겨울이 왔다.
여름은 유난히 길었는데 짧은 가을은
어느새 겨울에게 자리를 내어 주고 떠났다.
푸르던 잎사귀가 노랗고, 빨갛게, 갈색으로 물들고
열병 코로나에 지친 마음 위로하더니…
그것도 잠시 겨울이 오고 세밑이 다가오고…
2020년은 모든 지구상의 인간들에게 빼앗긴 한 해였다.
빼앗긴 것이 시간뿐이던가?
관계도, 우정과 사랑도, 변형되었고
뉴노멀로 생활습관도 지난해와 사뭇 다르게 굳어 간다.
나이 든 70대 이상의 사람들은 고위험군에 속해
외출도 거의 못하고 집에서 창으로 내다보기만 한다.
지나가는 봄도 여름도 가을도 창으로 내다보며
지난 세월을 추억하는 경우가 많다.
어린 나이에 결혼하시고 첫아이인 첫딸 나를 낳으신 부모님
내 부모님은 중학교(5년제)에 다니시며 아버지가 되셨고
어머니는 고녀를 졸업하자마자 결혼
지금의 아들, 딸로 부족함이 없이 자란 풋풋한 나이에
눈이 유난히 까맣던 첫딸을 낳으셨으니…
지금 생각하면 내가 죄송스럽기만 하다.
세상살이란 모르던 남녀가 아이를 낳고 얼마나 착잡하셨을까?
기쁘지만 않고 답답하셨을 것 같다.

첫딸, 그 딸은 이제 70을 넘어가고 있는데
어머니는 봄날처럼 93세에 곱게 가시고
친구 같다던 딸은 이제야 어머니의 아픔과 기쁨을 헤아리는데
혼자 남으신 아버지는 이 겨울 유난히 외로움을 타신다.

아버지는 큰딸이 대학시험을 보러 갈 때도 함께 가셨다.
그런 아버지가 또 계실까? 과묵하게 평생 공무원 생활로
퇴임식에서는 훈장을 주렁주렁 달고
도청에서 한 획을 그으며 집으로 돌아오셨는데…
딸 넷, 아들 하나 오 남매 대학교육 다 시킨 것을
가장 큰 훈장으로 여기신다.

어머니께서 심정지로 조용히 천국으로 이사하시고 7개월
아버지는 외로워 아기같이 우신 때도 있고
하루라도 자식들 전화가 없으면 큰 걱정이시다.
'늙으면 아기처럼 된다!'더니 아버지는
옛날의 그 젠틀한 신사가 아니라 소녀, 소년 같으시다.
60대 아들이 서울에서 은퇴하고 내려와
꽃 이름(목련) 아파트 아버지 집으로 들어와
식사며 병원이며 다 챙기고 있다.
딸들도 다 늙었고 넷째인 아들도 많이 늙었다.
큰딸인 나는 아버지가 무뚝뚝하셔도
자식 사랑이 큰 분이라는 것을 어떤 자식보다 잘 알고 있다.

미남, 미녀가 만나 74년을 함께 사시며 엮어 온 희로애락!
무지개도 있었고 태풍도 있었다. 그중에
아들 낳아 동네가 요란하던 그날도 큰딸은 생생하게 기억한다.
동화를 좋아하던 아홉 살 소녀였던 내게 동네 사람들이 몰려와
"얘! 정말 아들이냐? 네가 봤냐?"
"응? 네!"
"아이구! 다행이다."
박수치며 함께 기뻐하던 동네 사람들
이제 그분들은 어디에도 안 계신다.
유난히 기대가 컸던 큰딸 결혼식 전야 크리스마스이브에
온 가족이 함께 울었다.
아버지께서 울기 시작하셨다.
그만큼 부모님은 큰딸 결혼을 아파하셨는데…
어머니께서 건강하게 사시다가 인사 한마디 없이 떠나시고
4월부터의 아버지는 아들이 다 수발을 들고 있다.
식사며, 병원 출입이며 하물며 신발도 신겨 드린다.
"아버지! 아버지께서 제게 하셨듯
저도 지금 그런 마음으로 하고 있어요."

70을 향해 가는 사진작가인 아들은
늘 아버지의 모습을 카메라에 담는다.
공원에 앉아서 아이들과 얘기하시는 아버지의 모습
해바라기하시는 모습

모두 모두 가슴에 담고, 카메라에 담는다.
아버지! 아버지라는 이름으로 얼마나 많이 외로우셨을까요?
어머니께서 큰딸을 친구처럼 여기며 전화 통화를 오래하시면
늘 "빨리 끊어요!"라며 훼방 놓으시더니 이제는
아버지가 딸들과 소소한 얘기꽃을 피우고 싶어 하신다.
'참다운 인식은 잃어버린 후에야 온다던가?'
아버지께서도 어머니의 빈자리가 안타깝기만 하시다.
더 사랑할 것을… 잘 어울리는 두 분이셨는데…

오늘도 아버지는 기다리신다.
총명하고 영특한 서구적 미모의 둘째딸
남편 따라 아프리카로 봉사하러 간 착한 셋째딸
환갑이지만 아직 귀엽기만한 똑똑한 멋쟁이 막내딸
유난히 눈물 많은 큰딸
그리고 3명의 손자, 8명의 손녀들
아버지의 작품은 그런대로 모두 수작이다.
"아버지!"
이 겨울이 유난히도 추우실 텐데 걱정입니다.
효녀 심청이는 아니지만 아들이 효자이니
딸들도 그 아들의 마음 따라
아버지를 존경하고, 공경하고, 사랑하겠습니다.
아버지의 이 겨울이 유난히 따스하도록! 말입니다.
아버지! 사랑합니다. 존경합니다.

아름다운 의사(醫師)들

아름답다고 하는 말은
팔을 벌려 한 아름 된다는 뜻이라고 한다.
예쁜 모습이 한 아름 되는 아름다움
'아름다우세요!' 이 한마디면
모든 분노, 오해가 풀릴 수 있음을 경험하곤 한다.
아름다움은 가슴 가득
향기로 차오르고 음악으로 날아오른다.
예쁜 사람은 많지만…
아름다운 사람은 그리 많지 않다.
질시와 폄훼로 들끓는 세상
도무지 용서가 안 될 사람을 용서하고도
보답을, 찬사를 바라지 않는 인품
어려움을 겪는 사람을 위해 달려가는 의인(義人)들
평생 모아 온 돈을 장학금으로 쾌척하는 할머니
외로운 사람 등 쓸어 주며 함께 이 힘든 세상 걸어가는 사람들
남은 천으로 마스크를 만들어 어려운 이웃에게 나눠 주며
수줍게 웃는 옷수선 집 여인
꽃보다 더 아름다운 사람을 가끔 만난다.

그네들을 보면 눈물이 가슴에 고이고
하늘을 보며 감사의 기도를 하게 된다.
자기 통장과 지갑은 텅 비어 있음에도

약자를 위해 마음을 바치는 사람들
몹시 외롭고, 분노를 느끼는 날
얇은 지갑을 열고 꽃을 산다.
연분홍 장미 한 다발을
암 수술한 친구에게 보내면서
행복을 느끼는 그 친구가 아름답고 향기롭다.
많은 관계 속에서, 얽히고설킨 인연 속에서
보석상에 가지 않아도 가끔 보석 같은 사람을 만난다.

다리가 아파 병원에 갔을 때
따스한 손으로 아픈 다리를 만지는 순간
바로 낫는 느낌을 주시던 의사!
그분은 다치거나 어긋난 뼈를 바로잡아
고쳐 주는 정형외과 의사다.
조용히 미소를 지으며 환자의 공포를 어루만져 주는 의사!
그는 심의(心醫)이면서 빼어난 휴머니스트이며
그리고 멋진 문학인이다.
시(詩) 100편을 외운다는 그 의사!
그 의사는 내가 제일로 꼽는 아름다운 의사라고 생각한다.

그리고 내가 사는 집 가까이에 있는 젊은 한의사!
4대째 한의사 집안의 그는 아버지와 함께 출근한다.

D대학 교수였던 아버지는 의원 2층에서 약을 조제하고
아들은 1층에서 환자를 진료한다.
그 의원은 작지만 청결하다.
간호사들은 착하고 순박하여 사랑스럽다.
신뢰할 수 있는 젊은 한의사!
나는 그에게서 아름다움을 본다.
아름다운 의사에게 가면
내 소소한 증상들은 조용히 사라지고
돌아오는 길에 감사가 저절로 나온다.

얼마나 많은 사람들이 마스크를 쓰고 말을 아끼며
손을 씻으며, 사람과의 거리를 두려워하며
조심조심 살아가는가.
그동안 얼마나 많은 이들이 입만 열면
남을 헐뜯고 비난했는가?
괜스레 가까이 다가가 껴안으며 위선적 사랑을 보냈는가?
우리는 이제 코로나라는 바이러스에 의해
새로운 생활 규범을 짜야 한다.
그런 생활 속에서 여기저기 아픔을 호소하는 사람들이 있다.
내 주치의 K원장은 20여 년 내 가족처럼 건강을 바로잡아 준다.
도심에 살면서 산이 가까이 있는 족(足)함을 아는 동네
지족동(知足洞)으로 출근하는 매일 아침이

참으로 행복하다고 한다.
그는 늘 웃으며 환자를 대한다.
그에게 가서 웃고 나오면
환자들 증상은 살그머니 사라지고
또 새로운 삶에 힘을 모은다.

늘 아픈 사람들을 마스크 쓰고 진료하는
의사들, 간호사들, 119 구급대원들…
세상이 모두 마스크로 입을 가리고 있지만
지난 1월부터 횡포가 심한 코로나 바이러스를 이길 수 있도록
이렇게 저렇게 애쓰는 의료진들이
아름답게 느껴지는 초가을이다.
'고맙다!'고 그들에게 소리쳐 고백한다.
의사들은 약으로 고치는 의사보다
마음으로 고치는 의사가 명의라 한다.
그중 환자에게 시(詩) 한 편 주는 의사가
가장 아름답다고 생각한다며
어떤 시인이 말한다. 그럴까?
로키산맥에 있는 수목 한계선에서
눈보라를 맞으며 살아 낸 '무릎 꿇은 나무'
그 나무로 만든 바이올린이
가장 아름다운 선율을 낸다고 한다.

환자들을 위해 무릎 꿇은 의사와 의료진 모두가
가장 아름다운 선율을 들려주는 명품 바이올린과 같다.

그렇게 심신이 지친 초가을이다.
봄이 오는 줄도 몰랐는데
코로나를 피해 다니다 보니 어느새 가을이 왔다.
코로나가 우리에게 던지는 메시지를 잘 보고
듣고 기록해야 하는 시절을 기적처럼 살아 내고 있다.
눈보라에도 견디는 나무처럼
비바람에도 눕고 일어나며 견디는
풀처럼, 잡초처럼 견디며 살아 내야 한다.

나도 그 누군가에게 선물이고 싶다

남편은 시계를 팔아
아내의 아름다운 머리카락을 빗질해 줄 빗을 사고
아내는 긴 머리카락을 잘라 팔아
남편의 손목에 채워질 시곗줄을 산다는
슬픈 단편이 있습니다.
우리는 선물을 주고받으며 '관계'를
더 아름답고, 견고하게 해 나갑니다.
때때로 아내에게 꽃을 선물하고
때때로 남편에게 맛있는 특별요리를 선물하고…
선물 없는 인생이란 삭막하겠지요?
아이들은 산타할아버지가
착한 어린이에게 선물을 갖고 오신다는 것을
대부분 믿는 듯합니다.
어떤 아이는 엄마, 아빠가 산타라 하고…
서로 사랑의 선물을 주고받는 성탄절이 되었으면 합니다.
어려운 사람에게, 내 동료, 부모, 형제에게 우리는
선물 같은 존재가 되어야겠습니다.
신뢰를 저버리는 사람이 아니라
나를 믿어 준 사람을 위해 뒤돌아보고
혹여 약속을 어기지 않았나
성찰하는 시간이 필요한 연말입니다.
뮤지컬 한 편, 영화 한 편이라도 보면서

그동안 섭섭했던 일, 억울한 일, 복잡한 일 잊어버리시고
새로운 꿈을 꾸어 봐야겠습니다.
늙었어도 새 꿈이 있는 사람은 젊은 사람이고
젊어도 꿈을 잃은 사람은 늙은 사람입니다.
그 누구에겐가 선물이 되어 보시기 바랍니다.

* 「나도 그 누군가에게 선물이고 싶다」(연인M&B, 2024) 에세이 중에서

너무 가까운 관계

두 그루의 은행나무가
15년을 넘도록 함께 자랐다.
다정하게 둘은 어른 나무가 되었고
가을이면 노란 은행잎이 카펫처럼 깔려
보는 이들을 감탄케 했다.
그런데…
나무를 쳐다보던 사람들은
은행 열매가 없다고 탄식하곤 했다.
요즘엔 가로수로 심겨졌던 은행나무들이
은행을 우수수 떨어뜨려
그 냄새가 불쾌하다며 베어 내고 있다.
은행은 기관지에도 좋다며 반기다가도
냄새는 악취라며 찡그린다.

양촌(논산시 양촌면)에서 자란 두 그루의 나무.
그들은 열매를 맺지 못한다.
왜 그럴까?
너무 가까이 있어서…
그렇다는 것이다.
조금 멀어진 거리에 첩(妾) 나무를 심으면
안 열리던 은행이 열린다지만…
그 뜰의 주인들은 고개를 젓는다.

아니요!
그렇게 하지 않습니다.
열매가 열지 못하지만
'둘'은 자태가 아름답고 행복해 보입니다.
도시의 가로수로 심은 것이 아니라,
정원수로 심겨진 은행나무 두 그루!
그들은 많은 이들의 사랑을 받으며
아름답게 늙어 가고 있습니다.
너무 가까운 관계!
너무나 가까우면 잃는 것도 있습니다.
억울하지 않습니다.

햇살이의 그리움

햇살이는 우리 가족으로 온 지 15년이 된 개다.
강아지로 와서 성견이 되고, 늙어 가고 있다.
유순하고 예의가 바르며 거기에다
보기 드물게 미모와 체격을 갖춘 말티즈!
우리 부부는 그 햇살이를 무척 사랑하며
같이 늙어 가고 있다.
그 예쁜 눈도 안약을 매일 넣어야 하고
눈물이 흘러 눈밑 털이 까맣다.
'아유! 예쁘다.
한산 모시로 만든 옷을 보며
사람도 하기 힘든 한산 모시 원피스를 입었네!'
하시며 가까이 오시더니
'아유! 얘가 늙었네.'
가슴이 아팠다.
늙으면 반려동물도 품격이 떨어지나?
나는 햇살이를 품에 안으며 가슴으로
눈물이 흐르는 것을 참았다.
우리 부부와 햇살이.
세 식구 모두가 늙어 가는 중이기에…
햇살이 언니가 봄이라는 이름으로
우리 네 식구 아름답게 살았는데…
봄이가 아파 무지개다리를 건너고
우리는 가슴 아픈 추억이 있는데…

언제 또 우리 곁을 떠나갈지 모르는데…
늙었다!고 떠든다.
우리 모두 늙으면 하늘나라에 가야 하거늘
그 할머니는… 주책이다.
햇살이에게 가끔 물어본다.
'햇살아! 봄이 언니 보고 싶니?'
그렇게 물으면 햇살이는 하늘을 잠깐
올려다보다가 내 가슴으로 파고든다.
IQ가 60은 넘는다는 강아지들.
그들도 그리움이 있다.
우리 집 강아지들은
너무나 순하고, 예뻐서
우리의 '자랑'이고 '사랑'이다.
그 강아지를 함부로 학대하는 인간을
나는 혐오한다.
오늘이 햇살이가 우리 집으로 온 지
15년이 되는 봄날이다.
이토록 위로가 되고 행복을 주는 동물들을
학대하는 사람이 없기를 기도한다.
우리에게 신뢰를 주고 사랑을 주는
그들을 왜 학대하는가.

흙으로 돌아가는 나무

아파트에 심었던 키 큰 나무가
1, 2층 세대의 창을 가린다고…
전기톱으로 베어 버렸다.
그 나무 앞에 있던 새들도 다 떠나고
우리는 나무의 운명이 가엾다며
나무를 그리워했다.

한 해, 두 해…
세월이 흘러 그 키 큰 나무는
시나브로 썩어 바스러져 갔다.
아낌없이 주려던 나무.
창가의 뜨거운 햇살 가려 준 죄(罪)밖에 없는데…
그 나무도 흙으로 돌아가고 있다.
생명 있는 모든 것은 흙으로 돌아간다.
흙으로 빚어진 모든 피조물.
결국은 한 줌 흙으로 돌아가야 한다.
말을 못하는 동물들을 학대하는 잔인한
인간도 있고 말없이 우리의 삶을
지켜 주던, 도와주던 자연도 허물어지고
아파서 기후도 전쟁을 벌인다.
모든 원인이 인류의 인간 때문에
폭우, 폭풍, 폭염 등 기후 전쟁이 일어났거늘

그래도 우리 사람들은 나무 한 그루도
소중하게 바라보지 못하고 쉽게 심고,
빨리 베어 내는 것 아닐까?
어떤 친구가 이렇게 얘기한다.
'나는 인간으로 살아가는 것이
부끄러울 때가 간혹 있어요.'
'자연 앞에서 정말 미안할 때가
요즘은 자주 있습니다.'
나도 그렇다.
부끄러움이 자랑스러움을 능가한다.
우리 인간이 나무나 말 못하는 인간의
사랑만 갈구하는 짐승보다 나은 것인가?
그렇지 못하다는 생각이 몹시 든다.

민들레

이른 봄 또 민들레를 만난다.
외투를 입거나 바바리코트를 걸치거나
그러면서
겨울을 보낼 무렵.
길을 걷다 보면 보도블록 사이로 노랗고
앙증맞게 핀 민들레를 으레 만난다.
돌 틈에서 예쁜 노랑으로 웃고 있는 모습이
할머니면서도 아직 고운 자태로 웃고 있는
이웃집 할머니를 닮았다.

민들레
봄을 먼저 알리려 찾아온 꽃.
좁은 땅에서도 민들레는
봄이 왔다고 편지를 쓴다.
볼 것이 많다는 봄.
작고 앙증맞은 꽃.
그래!
또 하나의 봄을 알려 주려고
그 좁은 흙 속에서 기다렸구나.
너의 그 기다림은 숭고하게 예쁘다.
잎새도, 꽃도, 뿌리도 모두
사람들에게 약(藥)이 된다는 꽃.

민들레는 여기저기 가리지 않고
흙만 있으면 자라는데…
까다로운 꽃보다 훌륭한데
지천으로 피니까 출연료(?)를 적게 받는 모양이다.
서당 문(門) 둘레에 피어나 민들레가 되었다는…
문둘레→민들레.
민들레처럼 살아야겠다.

그렇게 아름다워진다

아름다운 사람은 그 향기가 바람에 섞여 날아오른다.
이목구비가 빼어나게 잘생긴 사람을 예쁘다!고 하지만…
아름다운 사람은 이목구비만으로 평가할 수 없다.
두 팔을 벌려 한 아름 되게 차오르는 아름다움,
안티에이징, 늙지 않게 하는 화장품, 피부과 시술…
일주일에 한 번씩 피부과에서 마사지를 받는
여성의 아름다움은 그리 오래 가지 않는다.
일주일에 한 번씩 서점에 가서 책을 사서 읽는 사람은
나이 들수록 주름살은 늘고, 키도 작아지지만…
어느 날 많은 여인들 속에서 그녀의 자태는
군계일학(群鷄一鶴)이라고 놀라워한다.
많은 화장품, 많은 옷.
그런 것들이 결코 이 아름다움을 만들어 내지 못함을 안다.
품위와 지성미가 식당으로 전전하며 맛있는 음식 먹고,
마사지, 운동한다고 해서 만들어지지 않는 고귀한 선물임을 안다.
남의 아픔을 함께 느끼고, 함께 슬픔을 나누고
웬만한 헛소문은 웃으며 날려 보내는 아량.
자연을 위하여 비닐 봉투 한 장도 안 쓰려 하고,
말 못하는 동물을 보살피며
아낀 돈을 아낌없이 나누는 사람.
남(男)과 여(女)! 그들은 아름답다.
품격(品格)이 있다.

모든 정보를 휴대폰에서 얻고
남의 가십은 이리저리 옮기며 사는 사람은
결코 아름다울 수가 없다.
길가에 버려진 쓰레기 하나 줍지 않으면서
어떻게 복(福)을 주으려 하는가?
버리면 줍는 직업이 있다며 그냥 버리고 간다.
교양이나 상식은 없고 최고의 학위를 졸속으로 가진 사람.
그런 사람을 아름답다! 나이스 하다! 할 수는 없다.
어느 학교의 폐교된 이유가 아이들이 줄어서라는데…
그 학교에 아이들이 점점 줄어들어 폐교하게 된 것이
주변에 임대 아파트가 있고 그 학부형들이 고상하지 못하고
아이들도 형편없어서 그 학교에 안 보내서,
폐교를 앞두고 있다는 기사를 읽고…
눈물이 흐른다.
빈부의 차이가 심한 동네에서는 과연
아이들 학교도 차별받고 모든 것에 차별을 받아야 하는가?
구별은 해도 차별은…
살면서 가끔 무척 아름다운 사람을 만난다.
사람은 모두 꽃이고 나무이지만
선(善)한 영향력을 끼치는 사람은 드물다.
예뻐서 행복해 보이는 사람은 많아도
인성(人性)이 고아서 선량한 영향력을 번지게 하는 사람은 드물다.

아름다운 사람은
남의 결점을 비웃지 않고 자기 것으로 채워 주고
남의 아픔을 소문내며 웃지 않는다.
아무리 학벌이 좋아도, 훌륭한 직업을 가졌어도
이기적인 사람은 아름답다고 말할 수 없다.
믿음이 가고, 공감 능력이 빼어나고, 연민이 있는 사람.
그런 사람을 우리는 아름다운 사람이라 한다.
오기(傲氣)와 욕심, 우월감으로 뽐내는 사람은
결코 아름답지 못하다.
나이 들수록…
자기 마음과 인품을 고상하게 닦는 사람이 그렇게 아름다워진다.
화장품 가게보다 책방에 자주 들르는 사람이 아름답지 않을까?
선(善)한 사람을 보호해 주려는 가슴 따뜻한 사람,
그들처럼 살면 그렇게 아름다워진다.
은근한 빛이 난다.
나의 이익을 위해 상대를 이용하려는 사람은
인간관계가 수도 없이 무너진다.
그런 사람과 어찌 오래 동행할 수 있겠는가?
상처 받은 나에게 우산을 받쳐 주는 사람.
상처 받지 않은 사람 어디 있겠냐며 등 두드려 주는 사람.
지혜로운 사람과 동행하면 지혜를 얻고,
미련한 자(者)와 사귀면 해(害)를 받는다고, 잠언에서 말한다.

세계 모두가 전쟁과 기후변화로 힘든 이 시대,
시절에 아름다워지는 사람이 더 많아질 듯한 예감이 든다.
어려운 불만의 시점에 좋은 인성(人性)이 뛰어나므로…
우리 운명의 길은 보이지 않는 모험이지만
공정, 친절, 존중, 성실, 봉사, 정직이라는 원칙을 가지고
끊임없이 배움, 실행을 통해 아름다운 열정을 가지고 살면
그렇게 아름다워진다고 믿고 산다.
그렇게 아름다워 진다!고.

아름다운 남자

내가 무척 좋아하는 여류 수필가가 내 건물 앞으로 이사를 왔다.
코로나 시절이라 몇 십 년 만의 해후임에도 주먹을 쥐고 뛰어온 C.
끌어안고 해후의 기쁨을 풀어도 아쉬운데…
주먹을 쥐고 뛰어온 그 여인.
누가 '어떤 사람을 좋아하세요?' 하고 물으면
나는 으레 'C가 좋아요!'라고 답한다.
'아! 그런 친구를 좋아하시는구나.'
뜻밖이라는 듯 고개를 주억거린다.
그런데 그 작가가 우리 건물(유치원) 옆으로 주욱 늘어놓은 화분에
물을 주고 꽁초를 줍고 청소하고 사라지는 남자가 있다며
내게 보고(?)를 한다.
얼굴도 준수하고, 품위가 있고, 참 아름답다고.
여성에게는 예쁘다! 아름답다!가 칭찬이지만…
남자에게 아름다운 사람, 아름다운 남자라는 칭찬은…
사실 자주 듣지는 못하는데, 그가 누구일까?
다음날, 아침 일찍 유치원 건물로 달려가니
깨끗하게 청소한 흔적에
꽃들도 '아유! 기분 좋아요.'라며 물을 마시고 웃고 있었다.
누구일까?
쓰레기를 함부로 버리는 사람은 자주 보지만
길가의 쓰레기를 줍는 남자는 거의 본 기억이 없다.
내가 젊은 날 돌로만 지은 건물 주변이 새 아파트로 환~해졌지만,

청소하는 할머니, 할아버지는 가끔 뵙지만
젊고 멋진 남자는 본 기억이 없다. 한 번도…
아름다운 남자, 그는 누구일까?
C 수필가는
선생님을 좋아하는 청년, 유치원 졸업생이 아닐까요? 한다.
글쎄요. 그렇게 잘 자랐으면 아름답겠지요?
여름 내내 폭우, 폭염에 시달리고 심신이 지쳐 있는 내게
그 아름다운 남자는 누구일까?
나는 그가 어른이 되어 바라보며
우리 원장님은 늙어 가면서 더 아름답다고 감탄이나 할까?
C 수필가는
무슨 꽃이 흐드러지게 피는
저택의 남자라고 그 남자의 신상을 공개한다.
어찌 되었든 '아름다운 남자'는
우리의 아들이고 그 새로운 마을의 스타가 되었다.
여자도 자기의 얼굴만 가꾸며,
염치도 모르는 여자는 얼마나 얄밉던가?
온몸으로 풍기는 향기, 교양미, 지성미
그것들이 여자나 남자를 아름답게 하는 최고의 화장품이다.
환자를 버리고 자기 길로 떠나는 의사도 있지만…
끝까지 병원 병상을 지키는 제대로 된
의사만큼 아름다운 사람이 또 있을까?

요즘 나는 그런 사위를 얻은 K 선생이 부럽다.
할머니, 할아버지 속에서도 아름다운 남자는 자란다.
학벌 좋은 엘리트, 싹수 없는 엘리트보다 지방대학을 나왔어도
겸손하게 자기 일에 성실한 남자, 여자를 아껴 주는 휴머니스트!
그런 사위를 보고 싶다.
이제 입추도 지났고 지독하던 여름은
고개 내민 벼 이삭을 보며 떠나가고…
가을이 오고 있다.
가을 같은 사람이 사실 아름다운 사람이다.
많은 것을 주고, 겸손하게 고개 숙인 남자가 아름답다!
찬사를 받을 것이다.

하루하루가 기적이다?

하루하루가 기적이다.
지구 저편 이편에서 전쟁을 벌이고
기후전쟁으로 동식물이 이상해지고…
교통사고는 왜 그리 자주 일어나는지…
하루하루가 살아 있다는 것이 기적이라고
가슴을 쓸어내린다.
함부로 대했던 지구가 너무나 힘들어하니
어떻게 위로하나?
작은 플라스틱 하나도 쓰지 말고
쓰더라도 다시 쓰고, 비닐 한 장도 두려워
헝겊 가방에 의지하고…
인류세가 되었으니
우리 인간이 저지른 일들이 어마어마한
사건으로 파도처럼 밀려올 수밖에…
아직도 공원을 걷다 보면
함부로 버린 쓰레기가 풀섶에서 나뒹굴고
강아지 분변도 나뒹군다.
하루가 기적이다.
살아 있는 것이 기적이라며
운전을 한다.
여기저기에서 클랙슨 소리가 요란하다.
고령자가 운전하니 조마조마하다.

어느 날은 젊은 여성(女性)이 창을 내리고
내게 소리친다.
'야! 그렇게 느리게 가려면 걸어가라!'
기가 막혔다.
30여 년 운전했지만
어린 사람에게 그런 모욕을 받은 기억은 없었는데…
내가 웃으며 인사했다.
'미안해요.
나는 50km를 지키느라 아가씨를 화나게 했나 봐요.'
세상은 모두 디지털로 변하고
아날로그는 예의를 지킬 때
함부로 키우고 공부한 사람들은…
기가 차서 웃게 만든다.
아날로그와 디지털의 간극(間)은
어처구니없는 틈새를 만드나 보다.
나의 시간과 너의 시간은 다른데….

* 인류세(人類世, Anthropocene): 인간의 영향력이 너무 커져서 인류가 지구의 대지와 지구를 바꾸고 있다는 뜻.

그대는 가졌는가? 그대만의 방(房)을?

버지니아 울프의 수필 〈자기만의 방(房)〉에서
여자도 일과 경제력이 있으면 결코
불행하지 않다.
아날로그 시대의 여자들은 자기만의 방을
갖는 경우가 드물고 동생이나
언니와 함께 방을 썼다.
그때의 방(房)은 공간을 얘기했지만 지금의
방은 직업, 경제력을 의미한다.
'구차스럽게 남자에게 돈을 받아 쓰나요?
내가 벌어 내가 원하는 곳에 쓰지요.'
경제력만 있으면 어디든 갈 수 있고
그 어떤 것도 이루어 낼 수 있다.
그래서 공부했고, 할 것이다.
어쩌면 모든 것이 디지털화(化)하는 이 시대에
가장 든든한 능력은 자기만의 방(房)에 있다.
여성들이 꼭 명심해야 할 사안(事案)이다.

사랑 레슨

살아가면서 몹시
억울하거나, 미안하거나 슬플 때가 적지 않다.
영혼이 사는 동굴이 얼굴이라는데…
거기에 내 삶의 이력이 드러난다.
착하고 너그럽게 살아왔는가?
강퍅하고 악하게 살아왔는가?
사람들의 스펙을 몰라도
인품(人品)은 대충 짐작되어진다.
표정과 태도만 봐도
그의 지난 세월과 오는 세월을 알 것 같다.
이제는 예쁘다는 평을 듣는 것보다
아름답다! 고상하다!는
그런 표현에 힘을 얻는다.
예쁘다는 표현은 그저 그것으로 여운이 없다.
노년기의 여성 중에 유난히 예쁘다!는
찬사를 자주 듣고 또 만족해하는 사람을 보면
살아온 것이 험난했고,
남들의 물질을 박탈해서 자기 인생(人生)을
세웠다는 사실에 겸손해야 하지 않을까?
하는 생각도 든다.
그런 친구도 사실 나는
사랑했고, 사랑하고, 사랑할 것이다.

어디를 둘러봐도 좋은 사람 한 명
만나기가 쉽지 않은 이 시대!
사랑타령은 많아도 참사랑은 드문
이 시대를 지나가면서 나는 요즘
'사랑하는 법(法)'을 레슨받고 있다.
내게 재교육을 시키는 교사는
반려견 '햇살이'로 3.2kg의 말티즈 여자이다.
어찌나 조용하고 유순한지! 요조숙녀(窈窕淑女)다.
봄이라는 언니와 자매로 컸는데…
17년 살고 난 봄이가 무지개다리를 건너고
혼자 우리 부부의 딸로 착하고, 예쁘게 자랐다.
어느 여름날, 사람들은
세모시로 지은 원피스를 입고
산책하는 햇살이에게 다가와
'아휴! 예쁘다.
사람도 못 입는 세모시로 옷을 지어 입고… 좋겠다.
쓰다듬고, 안아 보다가 아유! 애가 늙었다.
나이가 몇 살인가요?'
'열두 살이예요.'
'아유! 늙었구나.'
혀를 차며 돌아가는 할머니의 뒤로
대여섯 살 되어 보이는 아이들이 따라가고

그들의 등 뒤로 여름 햇살이 따라갔다.
이제 12세를 넘어 2년이 흘렀고
열네 살이 된 햇살이.
세밑에 바쁘게 움직여야겠기에
햇살이 혼자 남겨 놓고
이 집 저 집 인사하러 다니다가
어둠이 내리는 초저녁, 6시경 돌아왔는데…
내 화장실 틈 사이로 불빛이 새어 나오고
햇살이는 엄마 화장실 앞 매트에 앉아
엄마를 기다리고 있는 것이 아닌가.
아니! 나간 지가 서너 시간 되었는데…
화장실 불빛을 보고 엄마가 그곳에 있을 것이라 생각하고
그 앞에서 두세 시간을 기다리고 있었다니!
나는 그 아이를 끌어안고 울었다.
아가!
엄마가 뭐라고 추운 곳에서
웅크리고 엄마를 기다리고 있니?
그 길로 울음바다가 터져 오래오래 울었다.
젊어서 나를 하염없이 기다리던 청년에게 미안해서,
어머니의 희망을 저버리고 피눈물나게 해 드려서,
단 하나의 딸에게 상처를 주어서 울고,
또 미안해서 울었다.

그리고 나의 앞길을 열어 준 MBC방송국
K국장님의 부음을 듣고,
G사장님의 은혜도 못 갚고 살아왔는데,
이 지상에서 떠나간 사람들.
하다 못해 딸아이가 귀국하자
유학 잘 마치고 돌아왔다고
강의를 주신 G대학 교수님께
은혜의 차 한잔도 못 드렸는데
떠나가시고…
내가 이렇게 늙어 버린 것이 세월 탓이거늘
어떤 사람 탓을 하며, 엉엉 울어 버렸다.
햇살아.
너처럼 기다리는 것이 사랑이거늘…
그렇게 가는 불빛 앞에서 엄마가 돌아올 것이라며
기다리는 것이 사랑일 터인데…
나는 돌아섰었다.
햇살아.
네가 나를 가르친다.
사랑은 하염없는 '기다림'이라고…
말못하는 생명체를 함부로 하는 인간들.
그 귀여운 것을 때리고, 잡고, 끌고 다니는 악마들.
하다못해 야생 박쥐를 먹고 코로나를 불러온 인간.

앞으로 우리는 그들 앞에 얼마나 더
겸손하고, 용서를 빌어야 할까?
내가 지금 살고 있는 동네에서
떠나고 싶은 까닭은 단 한 가지!
염소탕, 영양탕 집이 근처에 있기 때문,
다른 까닭은 없다.
생명 있는 모든 것을 사랑하는
이 나이가 편하고, 아름답다고 하면
친구는 크게 웃는다.
'시인스럽다!'고.
물론 해충은 싫다. 하지만
작은 풀 한 포기, 작은 곤충, 강아지, 고양이, 염소, 닭과 오리…
사랑할 대상이 넘친다.
특히 강아지들의 사랑 레슨은 꼭 필요하다.
기다림이 사랑이다.
햇살이에게 사랑을 재학습하고
더 많이 베풀고, 덮어 주고, 이끌어 주며
선(善)한 영향력을 퍼뜨리리라 다짐한다.

* 「그렇게 아름다워진다」(시아북, 2024) 에세이 중에서

에필로그

샹그릴라

아직도
삶의 무게가 버거울 때
하늘이 시리도록 푸르를 때
바람결이 동여매고 있던
모든 것을 풀어헤칠 때
몸살에 마음살까지 겹쳐
외로이 침상에 누워 눈물 흘릴 때
그 어느 때나 아프고 고통스럽고
인간관계 힘겨울 때는
아무런 고통도 없다는
샹그릴라
샹그릴라 같은 그대를 그린다
그대가 내 곁에 다가오면
모든 악귀(惡鬼) 같은 고뇌의 분노가
도깨비불처럼 사라질 것 같아서
오늘도 그리는 그대
샹그릴라.

이지윤

1948년 3월 1일 돌 기념사진을 찍다.
20대, 아나운서 시험을 보고 남산에 오르다.

대학 개교기념일에 연극 〈화니〉라는 타이틀롤을 맡아 열연하다.

30대, 마담 퀴리의 꿈을 내려놓고 마이크의 연인으로 살리라!
울산MBC 공채 합격, 대전MBC, 대구MBC, 목포MBC에서 일하다.

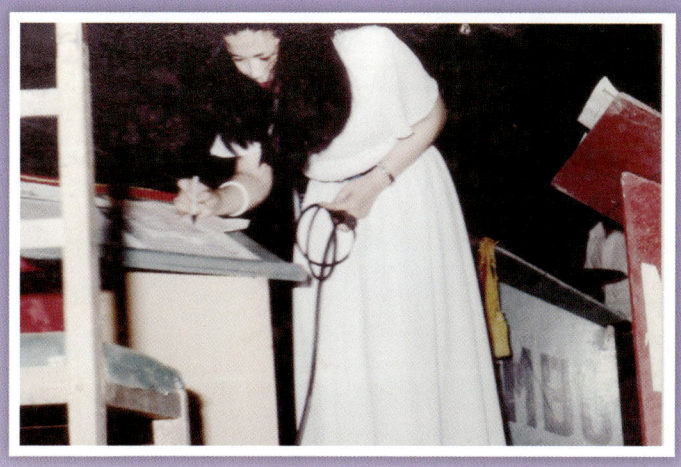

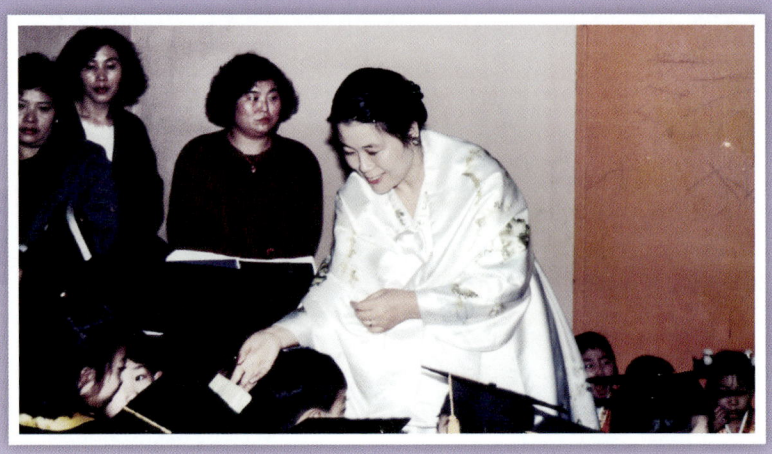

36세 때에 대전시 탄방동에 예림유치원을 건축하고
38세 때인 10월 9일 한글날,
예림유치원을 개원하다.
공군군악대의 연주 속에 평생 아이들과 천사처럼 살리라! 다짐하다.
나의 화양연화!

세계 전문직 여성 모임 International ZONTA 클럽(초대회장 여류비행사 김경오 님)으로 세계 각국 존타회의에 참석, 여성들은 여권도 안 나올 때 전문직 여성들과 각 나라를 다니며 견문을 넓히다.

40대 초 호주

50대 초 집에서

나이 마흔, 1990년 문학과 의식으로 등단하다.
「혼자 있는 시간」, 「둘이 있는 시간」 에세이를 발간하다.
화학에서 유아교육으로 문학의 꿈을 키우며
50대와 60대를 지나오다.
33년을 그 자리에서 유치원을 운영하였으니
유아교육이 내게 잘 맞는 적성이었으니 하나님의 은혜였다.
지금도 가끔 옛 학부형을 만나 행복한 노년을 보낸다.

화학을 포기하고 유아교육을 선택한 것도
하나님의 은혜라고 감동한다.
그리고 문학의 길을 선택한 것도… 생각하면 하나님의 뜻이었다.

〈봄·햇살 작은 도서관〉에서의 일상은
세상과의 소통과 내면 성찰을 위한
귀하고 복된 시간이었음을 다시 한 번 감사하게 한다.

새봄이 햇살이 다올이

햇살이

햇살이 17세 생일

17세 된 햇살이!

1990년 등단 후 그동안 열여섯 권의 책을 묶었다.
따로 떨어져 있기에 외로울 터. 함께 묶어 선집으로 탄생한다.
'인생은 포기(抛棄)와 선택으로…'라는…
포기에 더 능숙한 나는 이 선택이 가장 아름다울 것이라 믿는다.
그렇게 기도한다.

어느 날 공원에서…
가지가 찢어진 꽃나무에 해맑은 미소로 누워 있는 꽃을 보고 놀랐다.
얼마나 아팠을까?
그래도 그 꽃은 싱싱하게 피어 늘 우수에 젖은 시인을 위로한다.
슬퍼하지 말아요!

그 누구나 인생은
포기(抛棄)와 선택으로 엮어 가지요?
모두에게 늘 응원합니다.

시인 이지윤은
이 아름다운학교에서 감과 딸기를 먹으며
서로 가르치며 아름다운 시간을 선택할 것이다.
헛된 꿈은 포기할 것 같다.